1
2
3
4
5
6

Das Spiele-Bastelbuch Naturmaterial

Dieses Buch gehört

....

Susanne Pypke

Das Spiele-Bastelbuch Naturmaterial

Spielzeug aus Kastanien, Blättern und Co.

Natur Entdecker

Inhalt

für Träumer und Abenteurer

Zum Spielen und Liebhaben

Vorwort

Ob Frühjahr, Sommer, Herbst oder Winter: Jetzt geht es raus in die Natur!
Denn hier lassen sich das ganze Jahr über tolle Abenteuer erleben und ungeahnte Schätze entdecken. Blätter, Zweige, Blumen, Nüsse, Zapfen, Muscheln, Gräser, Schalen, Ahornflügel, Steine ... Wetten, die Welt ist voller inspirierender Materialien, mit denen sich spannende Bastelprojekte umsetzen lassen?
Der Saisonkalender auf dem Poster zeigt euch, wann ihr suchen müsst, um beim Sammeln erfolgreich zu sein. Packt die Taschen voll und bringt eure Schätze nach Hause! Ich zeige euch, was ihr damit basteln könnt. In diesem Buch findet ihr über vierzig Ideen, die sich mit wenigen zusätzlichen Materialien umsetzen lassen.
Ob Steckenpferd, Marionette, Räubersäbel oder Maispüppchen, Dominosteine, Tiermasken, Rindenschiffchen oder Zapfentiere - alle Sachen in diesem Buch sind zum Spielen da. Und damit ihr gleich loslegen könnt, findet ihr auf dem Poster einen Spielplan. Alles, was ihr dafür noch braucht, sind die Spielfiguren von Seite 20 und ein Würfel.
Bei einigen Projekten reichen schon ein Pinsel und etwas Farbe. Und schon entstehen schöne Dinge, mit denen ihr anschließend spielen könnt. Also, worauf wartet ihr noch? Jetzt geht es los. Draußen wird gesucht, entdeckt und gesammelt. Zuhause wird gebastelt, ausprobiert, gestaunt und gespielt.

Ich wünsche euch viel Spaß bei euren Natur- und Bastelabenteuern!

Susanne Pypke

PS: Noch mehr Lust auf Spielen? Dann schaut mal ans Ende der einzelnen Kapitel. Dort findet ihr viele tolle Spielideen für draußen und unterwegs in der Natur.

Was du brauchst

- Bastelschere
- UHU Bastelkleber oder UHU Creativ'
- UHU Alleskleber
- Kinder-Bastelfarbe oder Acrylfarbe
- Pinsel in verschiedenen Größen und Formen
- Schüssel mit Wasser (zum Reinigen der Pinsel)
- Zeitungspapier
- Schmierpapier
- dünne Pappe
- Bleistift
- Zirkel
- Lineal
- Zahnstocher
- Schaschlikstäbchen
- Wattestäbchen
- Schraubenzieher
- Handbohrer
- Schnitzmesser
- Bügelsäge
- Schleifpapier, Körnung 100
- alte Tücher
- Bücher zum Pressen von Blättern und Blüten

Diese Materialien und Werkzeuge solltest du immer zur Hand haben. Sie werden in den einzelnen Anleitungen meist nicht mehr separat angegeben.

Was du können solltest

Vorlagen übertragen

Mach eine Kopie der benötigten Vorlage, schneide die einzelnen Teile grob aus und klebe sie auf dünne Pappe. Schneide dann alles sauber aus und verwende die Teile als Schablone.

Arbeiten mit Holz

Spanne die Äste und Zweige zum Sägen und Bohren unbedingt in eine Werkbank ein oder befestige sie mit einer Klemme an der Arbeitsplatte. Wenn du mit dem Schnitzmesser arbeitest, achte darauf, dass du immer von deinem Körper weg arbeitest und dass du das Holz hinter der Stelle hältst, an der du das Messer ansetzt. Der Weg vor dem Messer muss frei sein, damit du weder dich noch andere mit dem Messer verletzten kannst.

HINWEIS Für die meisten Ideen in diesem Buch sollte das Holz gut durchgetrocknet sein. Ansonsten ist angegeben, dass frische Zweige verwendet werden.

Blumen und Blätter haltbar machen

Lege die Blüten und Blätter zwischen zwei Lagen Schmierpapier (oder noch besser Löschpapier) und lege sie dann in ein altes Buch. Das Buch beschweren und ein paar Tage warten, bis die Blüten und Blätter getrocknet sind. Danach kannst du sie vorsichtig herausnehmen.

Blätter halten länger, wenn du sie mit Bastelkleber bestreichst. Nach dem Trocknen bildet der Kleber eine durchsichtige, gummiartige Schutzschicht. Bei manchen Blättern funktioniert das nur auf der Oberseite, auf der Unterseite perlt der Klebstoff ab – probiere es einfach aus.

Malen mit Farbe

Steine, Eichelhütchen, Muscheln und andere kleine Sachen lassen sich besser mit Farbe bemalen, wenn du ein Stück Paketband mit Klebefilm auf dem Arbeitsplatz befestigst. Einfach die kleinen Teile darauf andrücken und anmalen, dann bleiben deine Finger sauber.

Weiche Kastanien oder Eicheln kannst du zum Bemalen einfach auf ein Schaschlikstäbchen stecken – am besten an der Stelle, an der später eh ein Loch gemacht wird. Mit dem Stäbchen kannst du die Sachen beim Malen gut halten und zum Trocknen z.B. in ein Glas stellen.

Oder du verwendest Knete. Da lassen sich Nüsse oder Eicheln zum Bemalen einfach hineindrücken. Die obere Hälfte anmalen, warten bis alles trocken ist, wenden und den Rest bemalen. Fertig.

Gesichter, Muster und Details kannst du mit einem sehr feinen Pinsel aufbringen, oft eignet sich aber ein Wattestäbchen (Punkte, Augen) oder ein Schaschlikstäbchen bzw. ein Zahnstocher (kleine Punkte, sehr feine Linien) besser für diese kleinen Elemente.

Salzteig

Mische zwei Tassen Mehl mit einer Tasse Salz und einer Tasse Wasser (nach Wunsch vorher mit etwas Lebensmittelfarbe einfärben) und knete alles mit den Händen zu einem geschmeidigen, festen Teig. Sollte der Teig noch bröseln, gibst du etwas Wasser dazu; ist er noch klebrig, knetest du etwas Mehl ein. Die fertigen Salzteigwerke auf einem Brett mehrere Tage durchtrocknen lassen oder auf dem Backblech bei 100° Celsius im Ofen aushärten (ca. 2 – 3 Stunden, je nach Dicke).

Mit Glück, Geschick und Köpfchen

Lustige Kegelzwerge

Du brauchst: 9 Äste, ⌀ 5 cm, 15–20 cm lang • Farbe • Säge • Schleifpapier

1

Säge ein Ende der Äste schräg ab und schleife die Fläche anschließend mit dem Schleifpapier glatt.

2

Male das untere Ende der Schnittfläche mit Hautfarbe an. Nach dem Trocknen ziehst du eine halbrunde Linie und malst die Mütze auf.

3

Tupfe mit einem Wattestäbchen die schwarzen Augen auf. Unten am Stamm zwei Halbkreise als Füße aufmalen.

4

Zum Schluss setzt du mit einem Zahnstocher weiße Lichtpunkte in die Augen und malst den Bart auf. Lass deiner Fantasie dabei freien Lauf.

Spielidee

Stell die neun Kegel in einer kleinen Gruppe auf. Geh zehn Schritte zurück und markiere eine Linie. Die Spieler stellen sich an der Linie auf und werfen einen Stock oder einen Ball. Jeder hat drei Versuche. Wer die meisten Kegel umwirft, gewinnt die Runde.

Spielregeln

Lege die Stöcke so übereinander, dass neun felder entstehen. Die beiden Spieler setzen im Wechsel ihre Tiere auf die felder. Wer es schafft, drei seiner Tiere in eine Reihe (gerade oder diagonal) zu setzen, hat gewonnen.

Beflügeltes Tic-Tac-Toe

Du brauchst: 10 Kastanien • 4 Zweige • farbe

1

Für die Marienkäfer grundierst du fünf Kastanien mit Rot. Trage die Farbe mehrmals auf, damit sie deckend wird, und lass sie zwischendurch immer gut trocknen.

2

Als nächste mit Schwarz das Gesicht, die Fühler und die Punkte aufmalen. Trocknen lassen.

3

Für die Augen tupfst du erst mit dem Wattestäbchen weiße Punkte auf und setzt dann mit dem Zahnstocher kleine schwarze Pupillen hinein.

4

Die Bienen arbeitest du ebenso, nur eben mit Gelb statt Rot und Streifen statt Punkten.

Tierische Spielfiguren

Du brauchst: 16 Aststücke, ⌀ 1,5 cm, ca. 5 cm lang • Filzreste in Hellblau, Schwarz, Hellbraun und Rosa • Farbe

Vorlagen: Seite 121

1

Säge die Äste einmal bis etwa zur Mitte von oben nach unten ein.

2

Danach glättest du den Schlitz mit Schleifpapier.

3

Grundiere die Aststücke in der Farbe der Tiere (blau, rosa, braun und schwarz) und male die Details wie Bauch, Rüssel, Augen, Schnauze oder Schnabel auf.

4

Schneide mithilfe der Vorlagen die Ohren bzw. Kopffedern aus dem Filz aus und stecke sie oben in den Schlitz. Das geht besser, wenn du den Filz dazu zwischen zwei dünne Papierstreifen legst.

Spielregeln

Setze die Spielfiguren auf den Spielplan des Posters hinten im Buch. Jetzt brauchst du nur noch einen Würfel und schon kann der Wettlauf zum Ziel losgehen. Wer die höchste Zahl würfelt, darf beginnen. Viel Glück!

Spielregeln

Lege die Kreise verdeckt auf den Tisch. Der erste Spieler deckt zwei Kreise auf. Findet er ein Pärchen, nimmt er die Kreise und ist noch einmal dran. Findet er kein Pärchen, dreht er die Kreise wieder um und der nächste Spieler ist dran. Wer am Ende die meisten Paare gefunden hat, gewinnt.

Pärchen-Spiel

Du brauchst: Blüten und Blätter (frisch oder gepresst) • Salzteig (siehe Seite 13) • Teigroller • Glas • wasserfeste Farbe

1

Rolle den Salzteig etwa 5 mm dick aus und drücke mit dem Glas kleine Kreise hinein. Für ein Spiel brauchst du mindestens 16 Kreise.

2

Belege immer zwei Kreise mit dem gleichen Motiv und drücke die Blüten und Blätter mit dem Teigroller an.

3

Jetzt werden die Kreise mit dem Glas ausgestochen und anschließend getrocknet (siehe Seite 13).

4

Male Details oder Muster auf. Nach dem Trocknen versiegelst du die Motive mit einer Schicht Bastelkleber. Noch einmal trocknen lassen, dann kann das Spiel beginnen.

Murmel-Labyrinth

Du brauchst: Schuhkarton-Deckel • Steine, Zweige, Nüsse, Zapfen etc. • Farbe • Murmel

1

Male den Deckel des Schuhkartons mit Farbe an und lass alles gut trocknen.

2

Danach bemalst du auch die Zweige, Steine, Nüsse und anderen Sachen.

3

Lege ein Labyrinth in dem Deckel aus. Beginne mit einem grünen Feld als Startpunkt. Das Ziel malst du rot aus.

4

Wenn alles passt und die Murmel überall gut durchkommt, kannst du die einzelnen Teile nacheinander mit Bastelkleber aufkleben.

Spielidee

Trainiere deine Geschicklichkeit und lass die Murmel durch das Labyrinth sausen. Wenn du magst, kannst du die Zeit stoppen und vergleichen, wer es am schnellsten schafft.

Schnapp den fisch!

Du brauchst: gepresste Blätter • Ast • BüroKlammern • Magnet • Schnur • farbe

1

Bestreiche die Blätter auf einer Seite mit dem BastelKleber und lass sie trocKnen. Danach die andere Seite bestreichen und trocKnen lassen.

2

Jetzt Kannst du die fische nach Lust und Laune bunt bemalen – erst auf einer Seite und, wenn die farbe trocKen ist, auch auf der anderen. Bei Bedarf die Blätter noch einmal pressen.

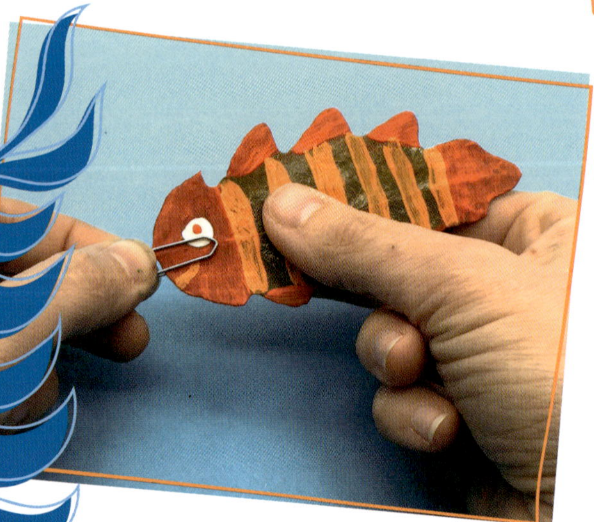

3

StecKe jeweils eine BüroKlammer vorn auf die fische. Knote den Magneten an die Schnur und bringe die Schnur am Ast an. Schon Kann das Wettangeln beginnen.

Spielidee

Werft die Fische in den Teich – eine große Schüssel. Reihum darf nun jeder Spieler sein Glück mit der Angel versuchen und einen Fisch aus dem Teich ziehen. Wer am Ende die meisten Fische hat, hat gewonnen.

Spielidee

Ziehe fünf verdeckte Steine. Drehe sie um und denke dir eine Geschichte aus, in der alle fünf Bilder vorkommen. Sobald du eine Idee hast, erzählst du deinen Mitspielern die Geschichte. Wenn ihr wollt, könnt ihr die beste Geschichte danach belohnen.

fantastische Erzählsteine

Du brauchst: flache Kieselsteine • Farbe • Marker in Schwarz

1

Zuerst grundierst du die Steine mit weißer Farbe, damit du sie besser bemalen kannst. Lass die Farbe gut trocknen.

2

Zeichne mit Bleistift die Bilder vor. Du kannst dir eigene Bilder ausdenken oder dich von den Steinen auf dem Foto inspirieren lassen.

3

Danach malst du die Bilder mit Farbe aus. Die Farbe gut trocknen lassen.

4

Zum Schluss ziehst du die Konturen der Bilder mit dem schwarzen Marker nach.

Mix-Max Zoo

Du brauchst: 6 runde Astscheiben, ⌀ 6–7 cm • 6 ovale Astscheiben, 6–7 cm lang • 26 runde Astscheiben, ⌀ 2 cm • 4 ovale Astscheiben, 2,5 cm lang • Farbe • Marker in Schwarz und Weiß

Vorlagen: Seite 120

1

Glätte die Astscheiben mit dem Schleifpapier und beschrifte sie auf der Rückseite mit den Würfelaugen 1 bis 6. Jeweils sieben Teile bekommen dieselbe Zahl.

2

Bemale die Astscheiben in den Farben der Tiere (weiß, grau, blau, orange, dunkelbraun, schwarz). Das Foto hilft dir dabei.

3

Als nächstes malst du die Details auf: das Maul, das Fellmuster, die Pfoten, die Ohren, die Schwänze – dabei helfen dir die Vorlagen und das Foto.

4

Als letztes malst du die Augen, die Münder, Atemlöcher und weitere feine Details auf. Das geht am leichtesten mit den Markern.

Spielidee

Lege die Teile mit den Würfelzahlen nach oben hin. Die Spieler würfeln reihum, nehmen sich ein Teil mit der gewürfelten Zahl und decken es auf. Ist kein Teil mehr mit der gewürfelten Zahl vorhanden, ist der nächste Spieler an der Reihe. Das Spiel endet, wenn der erste Spieler ein komplettes Mix-Max-Tier hat: ein Kopf, ein Körper, ein Schwanz, zwei Ohren und zwei Pfoten.

Spielregeln

Jedes Kind bekommt ein Spielfeld. Auf ein gemeinsames Kommando macht sich jeder Spieler auf die Suche nach den abgebildeten Sachen und legt sie auf dem entsprechenden Feld ab. Eine Blume, ein Kleeblatt, ein Zapfen ... Wenn ihr das Spiel nach Farben spielt, sucht ihr etwas Blaues, etwas Grünes, etwas Gelbes ... Wer zuerst alle sechs Felder voll hat, ruft laut Bingo und hat gewonnen.

Das ist Bingo!

Du brauchst: Rindenstück oder Baumscheibe • Farbe • Marker in Schwarz

1

Glätte die Rinde bzw. die Astscheibe auf der Oberseite mit dem Schleifpapier, sodass du eine glatte Oberfläche bekommst.

2

Male sechs weiße Kreise auf die Oberfläche und lass die Farbe trocknen. Danach malst du die Kreise bunt aus, z.B. Gelb, Rosa, Lila, Blau, Grün und Orange.

3

Zum Schluss malst du mit dem Marker Symbole wie Blume, Schneckenhaus, Blatt, Feder, Zapfen und Kleeblatt auf. Du kannst dir auch eigene Symbole ausdenken oder sie ganz weglassen. Dann spielst du das Spiel nur nach Farben.

Pirat über Bord!

Du brauchst: Große Baumscheibe • Äste mit unterschiedlichem Durchmesser • Farbe • Marker in Schwarz

1

Säge die Äste in etwa 2–3 cm starke Stücke und zerteile einige in Hälften oder Drittel. Die große Baumscheibe in einer Zickzacklinie halbieren. Die Schnittflächen mit Schleifpapier glätten

2

Bemale die Baumscheibe auf beiden Seiten durchscheinend mit brauner Farbe und male dann Planken, Bullaugen und einen Anker auf.

3

Nun bemalst du die Spielsteine. Du kannst dir verschiedene Motive überlegen oder die Äste wie auf dem Foto bemalen.

4

Ein paar Äste werden zu kleinen Piraten. Male ihnen mit dem Marker ein Gesicht auf und ergänze darüber das Piratentuch. Die Backen kannst du mit einem Wattestäbchen auftupfen.

Spielidee

Stellt das leere Boot auf und teilt die Spielsteine auf. Dann wird abwechselnd das Boot beladen. Wer dabei Steine zum Einstürzen bringt, muss diese zu seinen Steinen legen, und der nächste Spieler ist dran. Gewonnen hat, wer als erster keine Steine mehr vor sich hat.

Spielregeln

Jeder Spieler bekommt gleich viele Steine. Sollte ein Stein übrigbleiben, bildet dieser den Startstein. Nun legen die Spieler im Wechsel ihre Steine – immer gleiche Zahl an gleiche Zahl. Wenn ein Spieler keinen passenden Stein hat, setzt er aus. Wer zuerst alle Steine angelegt hat, hat gewonnen.

Domino-Spielsteine

Du brauchst: 28 ovale Kieselsteine • Farbe • Borstenpinsel

1

Grundiere zuerst alle Steine mit weißer farbe, sodass sie eine helle Oberfläche haben.

2

Lege die Steine auf ein großes Schmierpapier. Kleckse die farbe mit einer schwungvollen Pinselbewegung auf die Steine oder spritze sie, indem du mit dem finger durch die Pinselbürsten streichst.

3

Wenn die farbe getrocknet ist, zieht du mit schwarzer farbe eine Trennlinie in der Mitte der Steine.

4

Zum Schluss tupfst du die Punkte auf. Jede Zahlenkombination kommt genau einmal vor. Beginne mit 0:0, 0:1, 0:2, 0:3, 0:4, 0:5, 0:6, 1:1, 1:2, 1:3, 1:4, 1:5, 1:6, 2:2, 2:3 etc. Lass dir bei Bedarf von einem Erwachsenen helfen.

Bunte Matschepampe

Du brauchst: Erde, am besten heller Lehm • Wasser • Schalen oder Gläser • Sieb • Lebensmittelfarbe • frischer Ast • Hammer • Schnur

1 Mische die Erde mit etwas Wasser und rühre alles gut durch, bis ein schöner Brei entstanden ist.

2 Rühre den Brei portionsweise durch das Sieb und fange ihn darunter in einer Schale auf.

3 Teile den Brei in kleine Portionen und färbe jede mit einer anderen Lebensmittelfarbe ein.

4

Für den Pinsel zerklopfst du die Fasern an einem Ende des frischen Zweigs. Am oberen Ende der Borsten die Schnur umbinden.

HINWEIS Die Farbe hält sich nicht lange. Benutze sie also am besten gleich, nachdem du sie fertiggestellt hast.

Spielidee

Kennst du Himmel und Hölle oder ein anderes Hüpfspiel? Male die Felder mit der Matschfarbe auf den Asphalt. Nimm dir einen Würfstein und spring los!

XXL-Ast-Mikado

Du brauchst: mind. 20 Zweige, 40 cm lang • Klebeband in verschiedenen Farben • Schnitzmesser

1

Schäle mit dem Schnitzmesser die Rinde an den Enden der Zweige etwa 2 cm weit ab und schneide die Enden spitz zu.

2

Entferne eventuell vorhandene Seitentriebe oder Verdickungen mit dem Schnitzmesser, sodass du möglichst glatte Stäbe hast.

3

Verziere einige Stäbe mit Ringen, die du aus der Rinde schnitzt. Kerbe dazu die Rinde im Abstand von 2 cm ringsum ein und schäle dann die Rinde zwischen den Kerben vorsichtig mit dem Messer ab.

Spielregeln

Stelle die Stäbe senkrecht auf und lass sie fallen. Der erste Spieler beginnt vorsichtig nacheinander die Stäbe aufzusammeln. Sobald sich dabei einer der anderen Stäbe bewegt, ist der nächste Spieler dran. Das Spiel ist zu Ende, wenn alle Stäbe aufgenommen wurden. Dann zählt die Ringe der Stäbe. Wer die meisten Punkte hat, gewinnt.

4

Bringe zusätzlich bunte Ringe an, indem du die Stäbe mit buntem Klebeband beklebst.

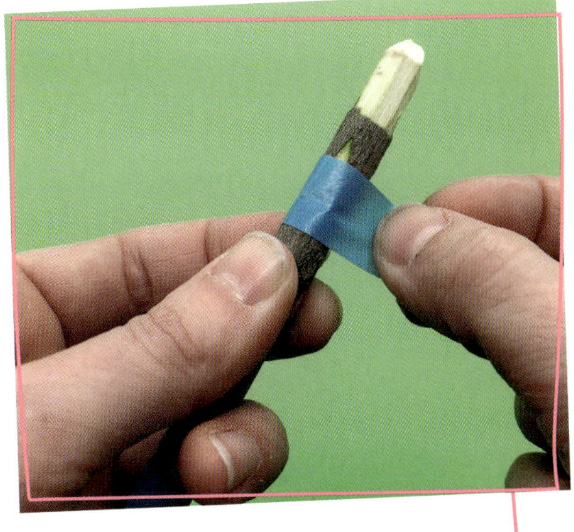

TIPP Klebe transparenten Klebefilm über die farbigen Klebebänder, dann halten sie länger.

Kunterbunter Regenwurm

Du brauchst: mind. 33 Eicheln • Farbe • Knete

1

Drücke sechs Eicheln mit etwas Abstand in die Knete und male halbrunde Köpfe mit verschiedenen Farben auf. Male je zwei Augen und eine Zunge dazu.

2

Nimm die gleichen Farben und bemale sechs Eicheln mit spitz zulaufenden Wurmenden.

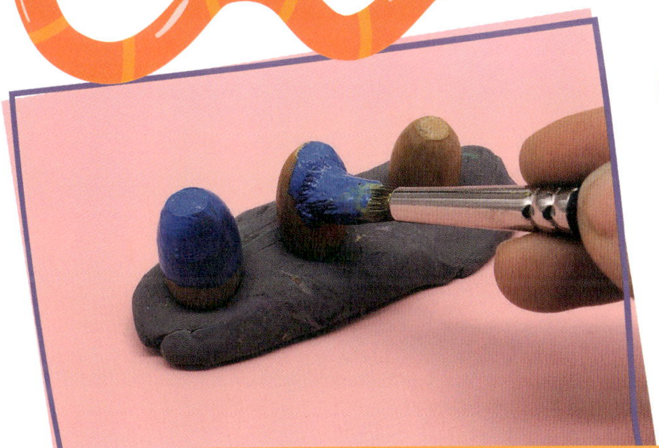

3

Die restlichen Eicheln bemalst du jeweils mit zwei verschiedenen Farben – erst die obere Hälfte und nach dem Trocknen die untere Hälfte. Achte darauf, dass du alle Farben einmal miteinander kombinierst.

Spielidee

Legt die Eicheln verdeckt auf den Tisch (z.B. unter ein Tuch). Die Spieler ziehen nacheinander eine Eichel und legen sie in die Mitte. Teile mit gleicher Farbe dürfen aneinandergelegt werden. Wer einen Regenwurm vervollständigt, sodass er einen Schwanz, einen Kopf und dazwischen mindestens ein Körperteil hat, darf die Eicheln zu sich nehmen. Wer am Ende die meisten Eicheln hat, gewinnt.

Monstermäßiges Mühle-Spiel

Du brauchst: 18 Muscheln • Pappe, ca. 20 cm x 20 cm • 36 Kulleraugen • Farbe • Marker in Schwarz • Weinkorken

1

Male drei ineinander liegende Quadrate mit Verbindungslinien in den Seitenmitten auf den Karton und stemple an den Eck- und Kreuzungspunkten mit dem Korken Kreise auf.

2

Male je neun Muscheln in der gleichen Farbe an und lass sie gut trocknen. Lese dazu auch den Tipp auf Seite 13.

3

Jetzt klebst du auf jede Muschel zwei Kulleraugen. Du kannst dabei gerne verschieden große Augen verwenden.

4

Wenn der Klebstoff getrocknet ist, malst du mit dem Marker lustige oder freche Münder auf, fertig sind die Spielsteine.

Spielregeln

Jeder Spieler setzt abwechselnd einen Stein auf einen der Punkte. Danach werden die Steine weitergezogen, immer auf einen angrenzenden freien Punkt. Kann ein Spieler drei Steine in eine Reihe bringen, hat er eine Mühle und darf einen freien Stein des Gegners (ein Stein, der keine Mühle bildet) vom Spielbrett nehmen. Sobald ein Spieler nur noch drei Steine hat, darf er bei seinem Zug mit einem Stein auf ein beliebiges freies Feld springen. Wenn ein Spieler keinen Stein mehr bewegen kann oder nur noch zwei Steine hat, hat er verloren.

Spiele im freien

mit Glück, Geschick und Köpfchen

Wiesenkrocket

Steckt frische Zweige als Torbögen in die Erde und schlagt mit einem Ast einen Ball durch den Parcours. Wer die wenigsten Schläge braucht, gewinnt.

Schiffchen-Regatta

Legt Start und Ziel in einem Bachlauf fest und lasst Rindenstückchen oder Blätter lossausen. Welches Schiff kommt als erstes am Ziel an?

Ringe werfen

Bindet frische Zweige zu Ringen und werft sie auf Stöcke, die ihr senkrecht in die Erde gesteckt habt. Wer die meisten Treffer hat, gewinnt.

Glückssuche

Wer findet zuerst ein vierblättriges Kleeblatt? Und wer entdeckt den Marienkäfer mit den meisten Punkten?

Murmelspiel

Macht eine Kuhle in die Erde und schnipst Murmeln hinein. Wer die meisten Murmeln in der Kuhle versenkt hat, hat gewonnen.

Stein-Weitsprung

Wie oft kannst du einen flachen Stein auf der Wasseroberfläche springen lassen?

Schneckenrennen

Setzt Schnecken in eine Reihe und lockt sie mit einem Stück Salat oder Gurke als Ziel. Macht Wetten, welche Schnecke wohl zuerst das leckere Ziel erreicht!

Turmbau zu Babel

Wählt zehn Steine als Bausteine aus. Wer schafft es, mehr Steine aufeinander zu stapeln, ohne dass der Turm einstürzt?

Ratebilder im Sand

Malt Begriffe mit einem Stock in den nassen Sand. Wer das Wort errät, darf das nächste Ratebild malen.

Ich sehe was, ...

... was du nicht siehts, und das ist ...? Das alte Ratespiel macht auch draußen super viel Spaß und lässt euch die Natur ganz neu entdecken.

für Träumer und Abenteurer

Magische Zauberstäbe

Du brauchst: Ast, ø 1 cm, 25 cm lang • Wollreste • Schneckenhaus • Bucheckern, Eicheln, Lampionblume, Birkenrinde etc. • dicke, spitze Nadel • Heißkleber

1

Nimm einen langen Faden und knote ihn an das dicke Ende des Astes. Beide Enden des Fadens sind gleich lang.

2

Lege das rechte Ende über den Ast nach links, sodass rechts eine Schlaufe entsteht.

3

Lege dann das linke Ende über das rechte Ende ...

4

... und führe es hinter dem Ast nach rechts durch die Schlaufe. Ziehe den Knoten an den Enden nach links und rechts fest, sodass er sich fest um den Ast legt. Fertig ist der erste Kreuzknoten.

5

Mach weiter mit Kreuzknoten, bis dein Ast schön umknüpft ist. Am Ende oder beim Wechsel der Farbe einen Doppelknoten machen und die Enden abschneiden.

6

Zum Schluss mit Heißkleber das Schneckenhaus auf die Spitze kleben, ein paar Bucheckern, Eicheln, die Lampionblume oder Rindensterne auf Wollreste fädeln und am Zauberstab festknoten. Lass dir dabei von einem Erwachsenen helfen.

TIPP Du kannst die Wolle auch einfach um deinen Stab wickeln und Anfang und Ende mit einem Doppelknoten sichern.

Spielidee

Das große Fest der Magie steht vor der Tür. Und damit der Wettkampf gegen die besten Hexen und Magier im Land. Wirst du dein Können unter Beweis stellen und den Wettkampf gewinnen?

Spielidee

Binde die Krone um deinen Kopf und werde zu König oder Königin. Lerne dein Königreich kennen und geh auf Entdeckungsreise!

Königliche BlätterKrone

Du brauchst: feste Blätter • Webband, 1 m lang • Nadel und Faden • Motivlocher

1

Nimm einige schöne Blätter und Stanze mit dem Motivlocher oben ein Motiv aus.

2

Nun legst du die Blätter für deine Krone in einer Reihe aus. Die Länge der Reihe sollte in etwa dem Umfang deines Kopfes entsprechen.

3

Jetzt werden die Blätter an das Band genäht. Falt die Blätter dazu unten einmal um, lege sie um das Band und nähe sie fest. Am Anfang und am Ende bleibt das Band frei.

4

Den Faden gut vernähen. Dann legst du das Blätterband zum Kreis und bindest mit den Enden des Bandes eine Schleife.

Hoch die Säbel!

Du brauchst: Ast, ⌀ 2–2,5 cm, 35 cm lang • Bastelfilz, 3 mm dick • Schnitzmesser • Farbe
Vorlagen: Seite 116

1

Schäle den Ast bis 10 cm über dem unteren Ende und flache ihn von beiden Seiten ab, sodass eine 1 cm starke Säbelklinge entsteht.

2

Grundieren den Griff mit weißer Farbe und bemale den Säbel nach dem Trocknen mit deinen Lieblingsfarben.

3

Schneide den Bügel nach Vorlage aus dem Bastelfilz aus. An den Löchern legst du den Filz einfach doppelt und schneidest dann jeweils einen Halbkreis aus.

Spielidee

Böse Räuber haben die Burg von König Konstantin überfallen und sein Gold geraubt. Im Wald von Finstermoor kommt es zum Duell zwischen der Räuberbande und den Rittern des Königs ...

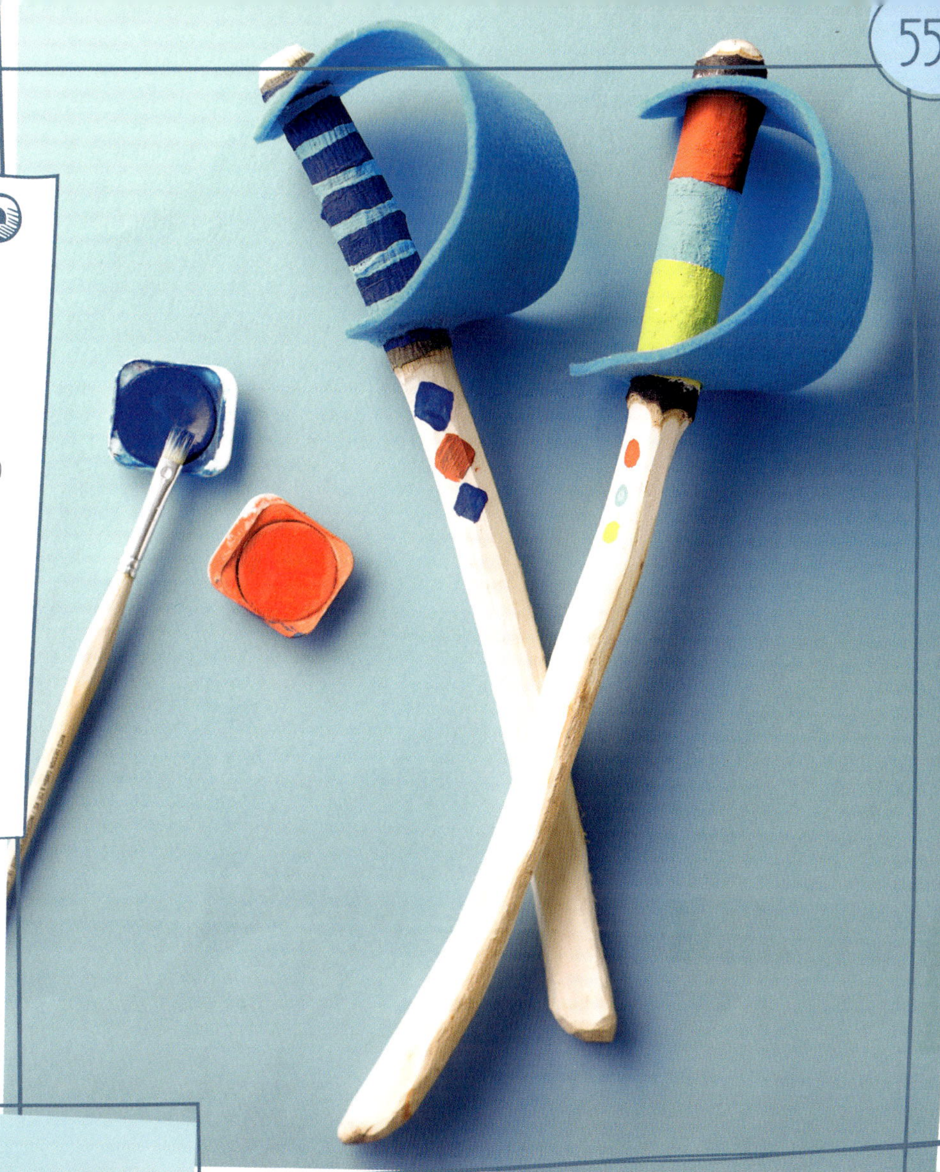

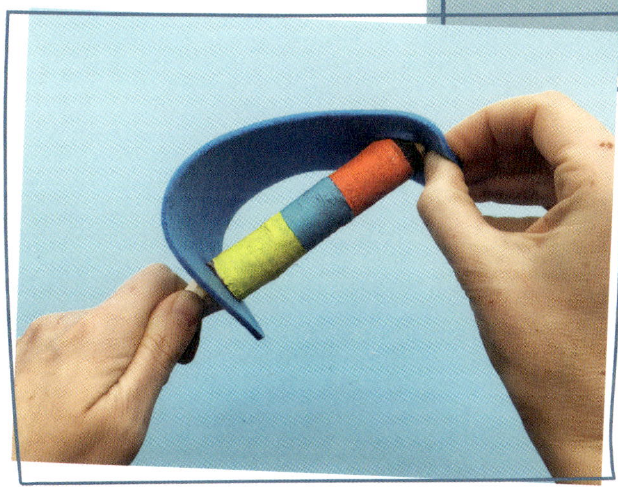

4

Stecke den Bügel auf den Ast, sodass er oben und unten fest am Griff sitzt. Bei Bedarf kannst du ihn etwas mit Bastelkleber fixieren.

TIPP Am besten sieht der Säbel aus, wenn du einen gebogenen Ast nimmst. Wenn ihr draußen unterwegs seid, könnt ihr auch ein großes Blatt oder Rinde als Bügel auf den Säbel stecken.

Tierischer Maskenball

Du brauchst: Blätter • Tonkarton • Gummikordel • dicke Nadel • Farbe

Vorlagen: Seite 118 + 119

Spielidee

Zieht die Masken auf und verwandelt euch in tierische Detektive. „Ach, du lieber Fuchs! Wir haben einen neuen Fall“, krächzt der Rabe aufgeregt. „Die Kronjuwelen wurden geklaut!“ Sofort gehen die tierischen Spürnasen auf Spurensuche.

1

Schneide mithilfe der Vorlage die einzelnen Teile der Maske aus Tonkarton aus. Bei den Farben kannst du dich am Foto orientieren.

2

Stich rechts und links ein Loch in den Tonkarton und knote die Gummikordel fest. Passe die Länge der Kordel an deinen Kopf an, damit die Maske gut sitzt.

3

Jetzt klebst du die Blätter auf. Du kannst sie davor noch farbig anmalen, wie z.B. bei den Ohren des Fuchses. Die Blätter gut andrücken und trocknen lassen.

4

Zum Schluss schattierst du die restlichen Tonkarton-Teile am Rand mit Buntstift. Die Augenteile von vorn, die Schnauze von hinten aufkleben.

Spielidee

Mama Mia hat zum Essen eingeladen. Aus dem Gemüse will sie eine leckere Suppe für die Gäste kochen. Zum Nachtisch gibt es heute Eis in der Waffel mit frisch gepflückten Erdbeeren und Obstsalat. Das wird ein Schmaus!

Mmh, Leckerschmecker

Du brauchst: Kieselsteine • Zapfen • Walnüsse • Eierkarton • Bastelfilz in Grüntönen • Garn in Grün • Farbe

Vorlagen: Seite 116

Eis in der Tüte

1

Schneide aus dem Eierkarton eine große Zacke aus und schneide den Rand rundum sauber ab.

2

Male die Eierkartonzacke gelb und orange an, dass sie wie eine Eiswaffel aussieht. Gut trocknen lassen.

3

Als nächstes bemalst du den Zapfen in der Farbe deiner Lieblingseissorte. Wenn du magst, trage noch etwas Glitzerkleber auf.

4

Wenn alles getrocknet ist, klebst du den Zapfen mit der Spitze nach unten in die Waffel. Fertig ist das Eis!

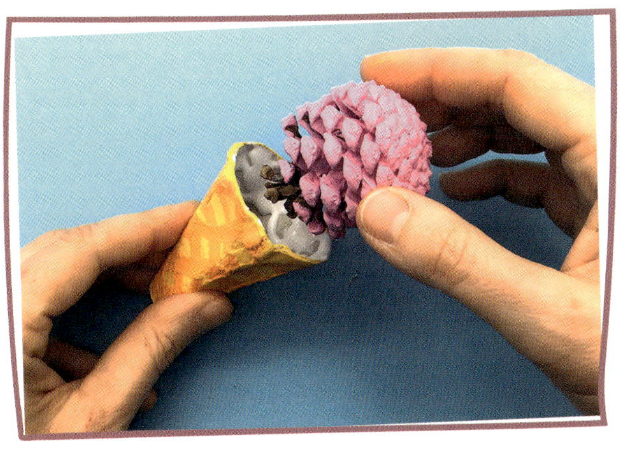

Süße Erdbeeren

1

Steck die Walnuss am runden Ende auf ein Schaschlikstäbchen, damit du sie besser halten kannst. Male sie rot an und tupfe hellgrüne Punkte auf.

2

Schneide aus dem grünen Filz mithilfe der Vorlage das Blattwerk aus. Lege die Blätter zusammen und binde sie unten fest ab.

3

Entferne das Schaschlikstäbchen und klebe das Blattwerk auf das runde Ende der bemalten Walnuss.

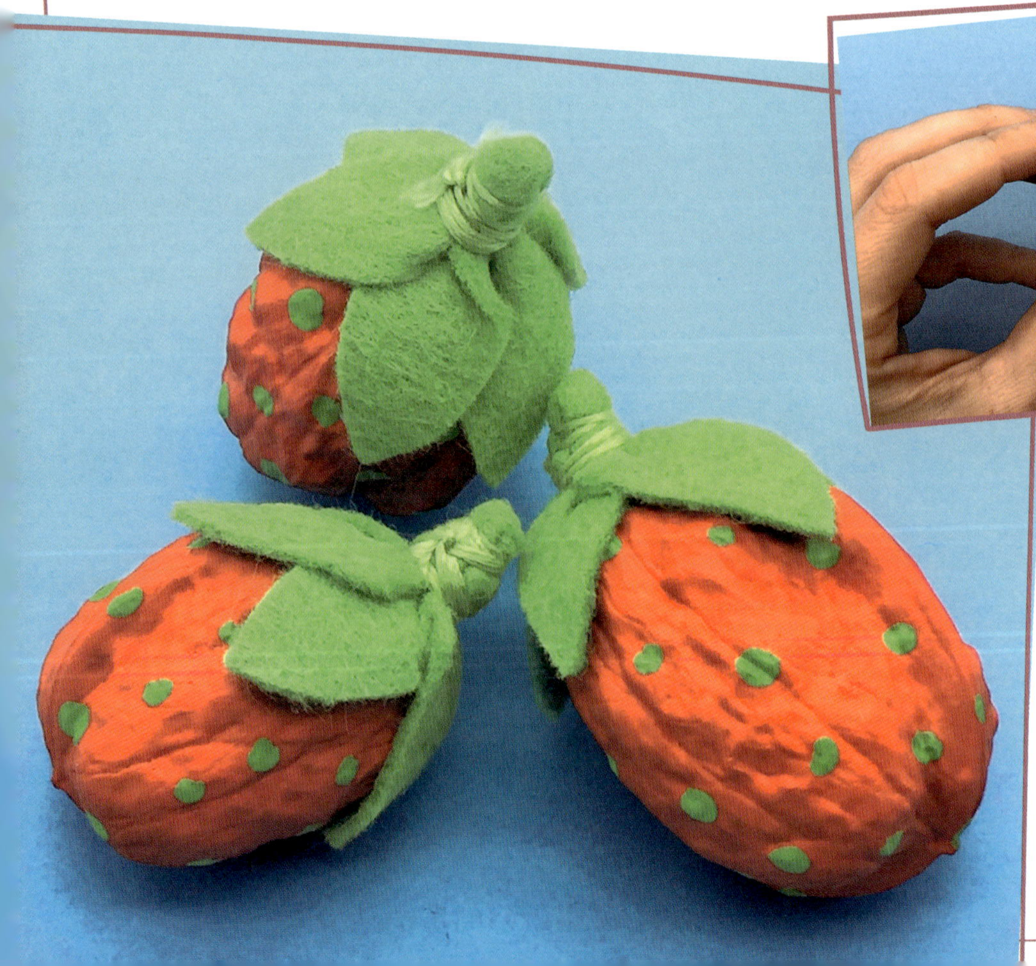

1

Suche Steine, deren Form dich an Obst oder Gemüse erinnert, und male sie mit der passenden Farbe an.

2

Wenn die Farbe getrocknet ist, malst du die Details wie Linien, Lichtpunkte oder den Blütenansatz auf.

3

Schneide aus dem Bastelfilz mithilfe der Vorlagen das Blattwerk aus. Bestreiche es mit Klebstoff und roll es fest auf.

4

Klebe das Blattwerk an den Kieselstein – je nach Obst- oder Gemüsesorte entweder mit dem Stiel oder mit den Blättern.

Obst und Gemüse

Magische Armbänder

Du brauchst: Binsen • Holunderzweige • Schnur • Farbe

1

Säge von dem Holunderzweig kleine Stücke ab, glätte die Kanten mit Schleifpapier und entferne das weiche Mark, sodass Perlen entstehen.

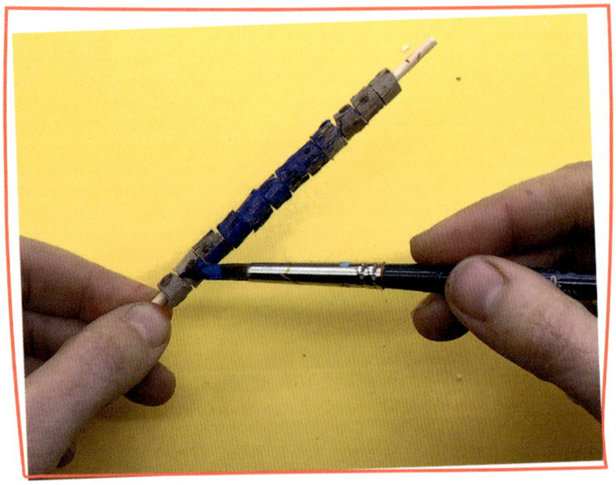

2

Fädle die Perlen auf ein Holzstäbchen und male sie bunt an. Trocknen lassen.

3

Nimm sechs Binsenhalme und knote die Schnur fest um das dicke Ende. Teile die Halme in zwei Stränge. Nimm die Schnur als dritten Strang und flechte einen Zopf.

4

Ziehe jedes Mal eine Perle auf die Schnur, bevor du sie von rechts oder links in die Mitte legst. Die Binsenstränge werden ohne Perlen geflochten.

5

Zum Abschluss knotest du die Schnur fest um die Halme und bindest das Armband mit der Schnur zusammen. Die überstehenden Halme werden abschnitten.

Spielidee

Was, wenn diese Armbänder magische Kräfte hätten? Stellt euch vor, ihr könntet damit zaubern, euch in Tiere verwandeln und in geheimnisvolle Fantasiewelten reisen.

Spielidee

Diese Ketten aus den geheimnisvollen Tiefen der sieben Meere stehen nicht nur Seeräubern und Piratinnen. Auch Meerjungfrauen und Wassermänner lieben sie.
Wer findet die Schatzhöhle am Meeresgrund als erstes?

Der Schatz der sieben Meere

Du brauchst: Muscheln • Nagellack • Lederschnur oder Schmuckkordel • Holzperlen • Feile

1

Schleife mit der feile ein Loch in die Muschel, damit die Muschel später aufgehängt werden kann.

2

Gib langsam ein paar Tropfen Nagellack in eine Schale mit kaltem Wasser, z.B. blau und transparent. Der Lack muss auf der Oberfläche bleiben. Dann verziehst du ihn mit einem Stäbchen, sodass ein schönes Muster entsteht.

3

Tauche die Muschel mit der Oberseite nach unten in die Schale. Nimm sie gleich wieder heraus und lass den Lack kurz ablüften und fest werden.

4

fädle die Lederschnur durch die Muschel und ziehe ein paar Holzperlen auf. fertig ist deine Muschelkette.

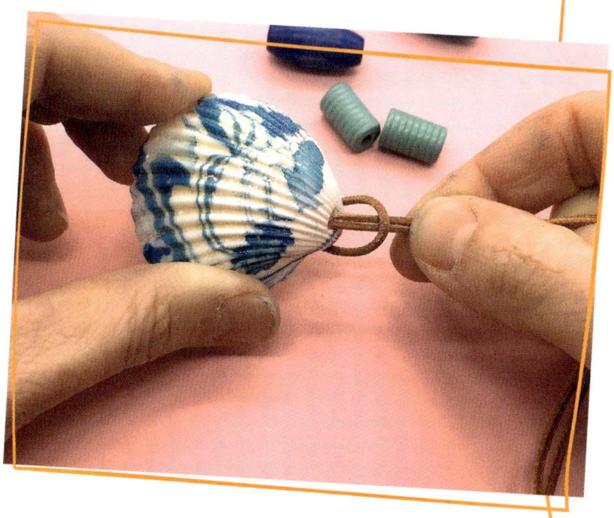

Lodernde Fackel

Du brauchst: PET-Flasche, 1,5 Liter • Ast, ø ca. 1,5 cm, 20 cm lang • bunte Herbstblätter • Schnur • LED-Teelicht

1

Schneide die PET-Flasche in zwei Hälften. Die Herbstblätter kannst du stabiler machen, indem du sie auf der Oberseite mit Bastel-Kleber bestreichst. Gut trocknen lassen.

2

Klebe nun die Blätter ringsum auf die obere Hälfte der Flasche. Lass sie dabei oben am Rand etwas überstehen. Gut andrücken, bis der Klebstoff fest ist.

3

Stecke nun den Ast in die Öffnung der Flasche. Wenn der Ast zu dick ist, kannst du ihn mit dem Schnitzmesser etwas zuschneiden. Wenn er zu dünn ist, kannst du ihn mit etwas Heißkleber festkleben. Lass dir dabei von einem Erwachsenen helfen.

4

Binde die Schnur um, damit der Verschluss versteckt wird, und gib das LED-Licht in die Fackel.

Spielidee

Wer wandert bei Wind und Kälte durch finstere Nacht? Ist es ein Dieb oder ein dunkler Zauberer? Nein, es ist Robin Hood mit seinen Mannen. Sie wollen Prinzessin Marianne aus den Fängen des bösen Königs Sir John retten. Hilfst du ihnen dabei?

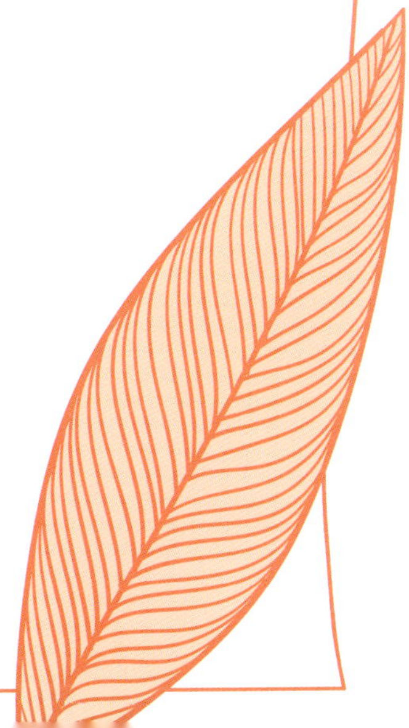

Spielidee

Auf dem Pferdehof findet heute ein großes Springturnier statt. Die ersten Teilnehmer haben den schwierigen Parcours schon gut gemeistert. Gerade wird deine Startnummer aufgerufen. Werden dein Pferd und du heute ein gutes Team sein und die Hürden ohne Fehler überspringen?

Hoppe, hoppe, Reiter!

Du brauchst: Birkenstamm, ca. ⌀ 9 cm, 18 cm lang • Ast, ca. ⌀ 1,5 cm, 80 cm lang • 2 Astscheiben, ⌀ 2,5 cm • Schnur oder grobe Wolle • Satinband, 1 m lang • Farbe • Filzrest in Beige • Rundraspel • Holzbohrer, ⌀ 15 mm

Vorlagen: Seite 119

1

Säge an einem Ende einen schmalen Keil aus der Schnittfläche des Birkenstamms und führe den Keil an der Stirn des Pferdes noch ein paar Zentimeter weit um die Kante.

2

Entferne das Holz und weite den Spalt mit der Rundraspel. Der Spalt sollte etwa 1.5 cm tief sein.

3

Nun bohrst du an der Unterseite kurz hinter dem Spalt das Loch für den Stab – ca. 4 cm tief. Spanne den Stamm dazu fest ein und lass dir von einem Erwachsenen helfen!

4

Jetzt schneidest du die Schnur in 15 cm lange Stücke und klebst sie in Bündeln mit Bastelkleber in den Spalt. Mit einem Holzstäbchen kannst du die Schnüre dicht aneinanderdrücken. Zieh die Fäden der Schnüre für eine dichte Mähne auseinander.

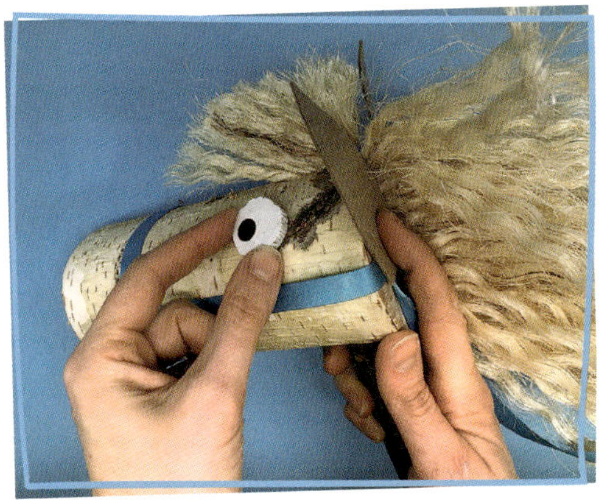

5

Lege ein Stück Band um den Stamm und klebe rechts und links zwei weitere Stücke für das Halfter auf. Den Rest bringst du als Zügel an. Die Astscheiben als Augen bemalen und aufkleben. Die Ohren nach Vorlage aus dem Filz ausschneiden und aufkleben. Zum Schluss malst du mit Rot den Mund auf.

Kleine Sammlerstücke

Du brauchst: getrocknete Gräser oder Maiskolbenblätter • Wolle • dicke Nadel • ggf. kleiner Ast

1

Nimm ein Bündel Gras oder Maiskolbenblätter und lege an einem Ende eine kleine Schlaufe. Wickle etwas Wolle darum und mach einen festen Knoten.

2

Für die erste Runde legst du das Bündel nach und nach um die Schlaufe. Verdrehe das Bündel dabei und nähe es mit Stichen durch die Mitte der Schlaufe fest.

3

Weiter geht's in flachen Runden. Lege den Faden um das Bündel und stich im gleichmäßigen Abstand unter der Vorrunde ein. Bei Bedarf einfach einen neuen Faden am alten anknoten.

4

Lege immer wieder Gras, Blätter oder Ranken nach und lass den Korb nach oben wachsen. Das Ende auslaufen lassen und den Faden vernähen. Nach Wunsch einen Ast als Henkel annähen oder den Korb mit Fundstücken aus der Natur verzieren.

Spielidee

Geh auf Streifzug und sammle Blüten, Beeren, Nüsse oder Früchte in deinen Körben und bereite anschließend in deiner Spielküche ein leckeres Menü für deine Puppen zu.

Spielidee

Koch dein eigenes Süppchen oder einen magischen Hexensud – bestimmt findest du in der Natur viele tolle Zutaten, um einen ordentlichen Zaubertrank zu brauen.

Wir haben Hunger!

Du brauchst: Tannenbaumspitze (z.B. vom Weihnachtsbaum) • frischer Ast • Muschel • Schnur • Farbe

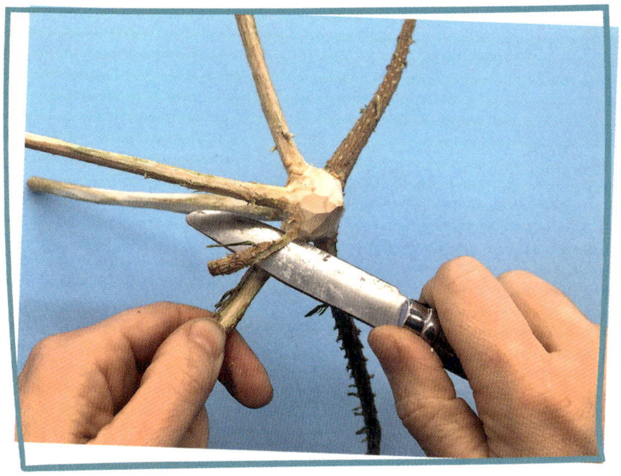

1

Für den Schneebesen entfernst du mit dem Schnitzmesser die Rinde der Tannenbaumspitze und schnitzt das untere Ende des Stammes flach ab.

2

Biege die Zweige nach oben zur Baumspitze. Kürze sie auf die passende Länge und lege sie rund um die Spitze. Dann bindest du sie fest mit der Schnur ab.

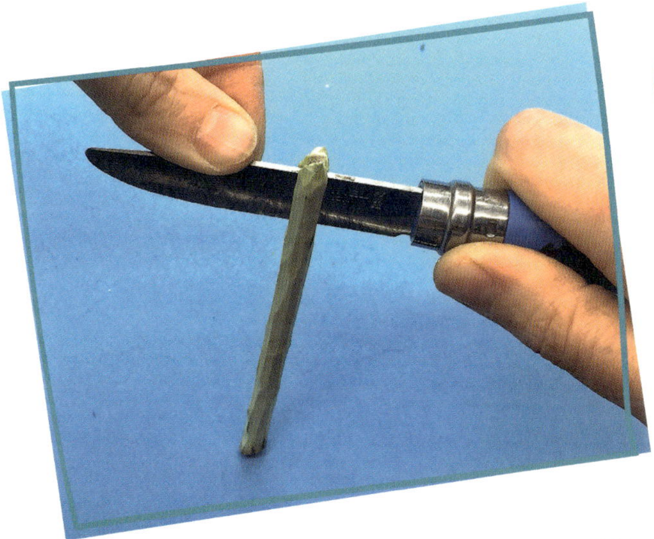

3

Für die Schöpfkelle schälst du den Ast und spaltest ihn an einem Ende vorsichtig mit dem Schnitzmesser.

4

Klemm die Muschel in den Schlitz und binde den Ast ober- und unterhalb der Muschel fest zusammen. Nach Belieben kannst du die Stiele der Küchenutensilien noch farbig anmalen.

Psst! Geheimversteck

Du brauchst: 6er-Eierkarton • Maiskolbenblätter • Kieselsteine • Farbe

1

Schneide das obere Ende der langen Zacken im Eierkarton ab und den unteren Teil der Zacken an den Ecken bis unten ein. Klappe die Seiten flach auf den Boden und klebe sie fest aufeinander.

2

Beklebe den Deckel rundum mit den Maiskolbenblättern. Lege die Blätter dafür um die Kanten der Schachtel herum und drücke sie gut an, bis der Klebstoff trocken ist.

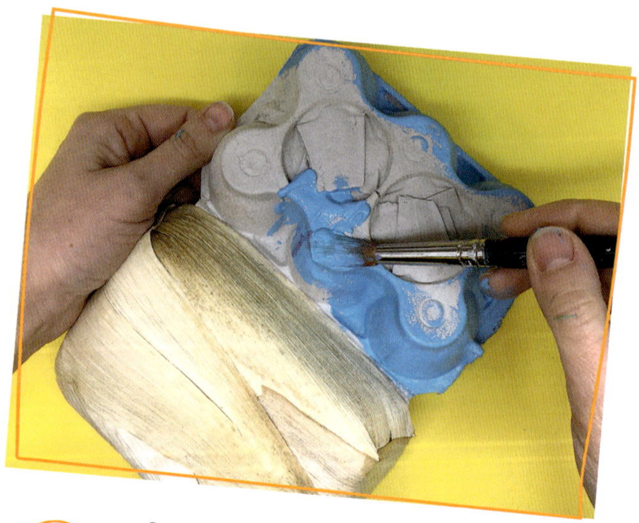

3

Das Unterteil des Eierkartons bemalst du mit Blau. Danach lässt du alles gut trocknen.

4

Male in Blau ein X auf den Deckel. Ein paar Kieselsteine werden wie im Foto, blau bemalt, als Totenkopf auf dem Deckel festgeklebt. Die Augen und den Mund kannst du mit weißer Farbe aufmalen.

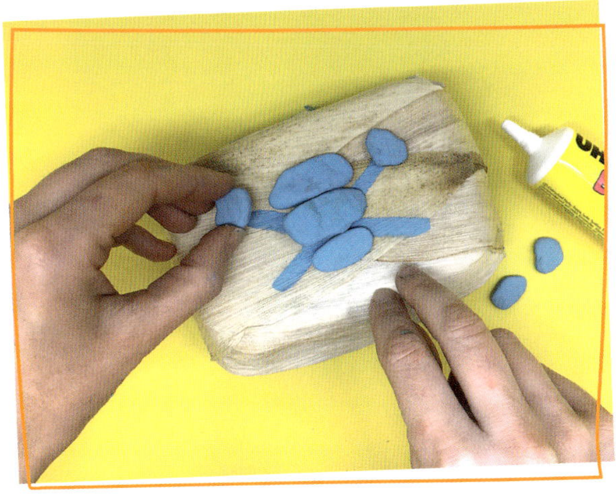

TIPP Auch eine runde Käseschachtel lässt sich in eine Schatzkiste verwandeln. Der Rand wurde mit Birkenrinde beklebt. Zwei Muscheln und ein kleiner Zweig formen im Nu einen dekorativen Schmetterling.

Spielidee

Nach tagelanger Irrfahrt sind Hannes und seine Freunde auf der verlassenen Insel angekommen. Hier soll der sagenumwobene Schatz der Matahutu versteckt sein. Mit ihrer Schatzkarte machen sich die Abenteurer gespannt auf den Weg durch den gefährlichen Dschungel ...

Spielidee

Setzt die Flügel auf und verwandle dich in einen anmutigen Schmetterling oder in eine zarte Fee. Breite deine Schwingen aus und flieg über eine Blumenwiese.

Blumenfee, flieg!

Du brauchst: transparente Klebefolie, 2x A3 • Strohseide in Rosa, A3 • Ast, ø 1,5 cm, 20 cm lang • Bürolocher • Schnur • 2 Gummibänder, 30 cm lang • gepresste Blüten und Pflanzen • Klebefilm

Vorlagen: Seite 117

1

Lege die Vorlage der flügel und darüber ein Stück Klebefolie (Klebende Seite nach oben) auf den Tisch. fixiere die folie mit Klebefilm und belege die flügel mit den Blüten und Pflanzen deiner Wahl.

2

Streiche die Strohseide auf und zeichne dann mit dem Bleistift die Kontur der Vorlage nach. Bring dann die zweite Klebefolie auf und schneide die flügel entlang der Linie aus.

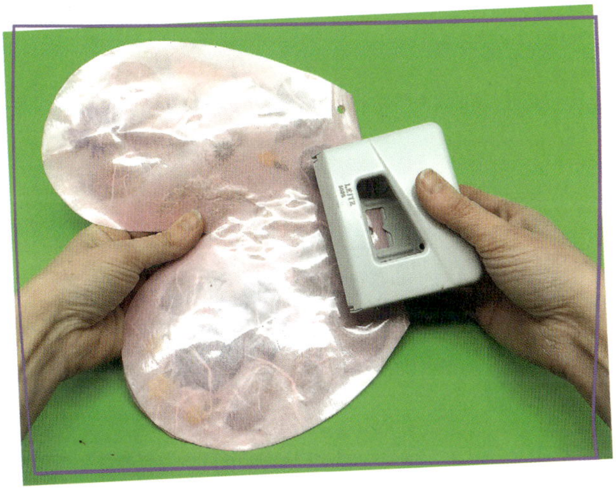

3

falte die flügel in der Mitte und stanze mit dem Locher entlang der faltlinie vier Löcher ein.

4

Öffne die flügel und binde den Ast durch die Löcher mit der Schnur fest. Zum Schluss Knotest du die Gummibänder als Träger an.

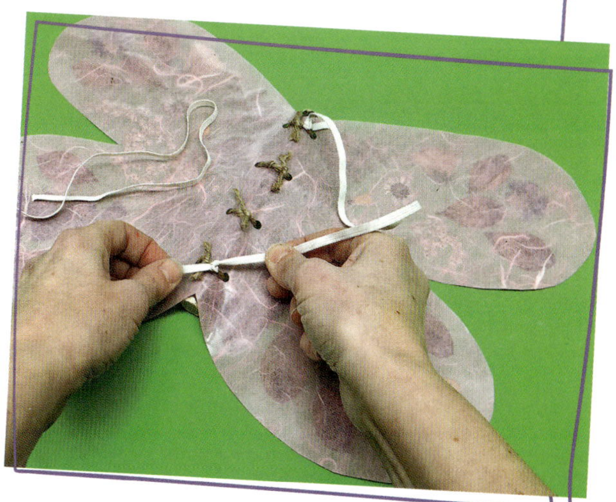

Spiele im freien

für Träumer und Abenteurer

Wolkenbilder

Lass deine Augen in den Himmel schweifen und beobachte die Wolken. Sieht diese nicht wie ein Drache aus? Und fährt dort nicht ein riesiges Segelschiff durch die raue See?

Zauberhafte Eiswelten

Bau im Schnee deine eigene Welt aus Türmen, Bergen und Tälern. Lass deine Spielfiguren darin spannende Geschichten erleben. Funktioniert natürlich auch mit Erde oder Sand.

Blumenschmuck

Pflückt Gänseblümchen, macht mit dem Fingernagel einen kleinen Schlitz in den Stiel und fädelt die Blüten mit den Stielen zu einer langen Kette oder zu Kränzen auf.

Fantastische Tiere

Setzt euch Ahornflügel auf die Nase oder auf die Stirn und werdet zum Nashorn oder zum magischen Einhorn.

Schnelle Hütte

Träumst du auch von einem eigenen Lager im Wald? Sammelt lange Äste und stellt sie um einen Stamm zu einer Hütte auf.

Geheimer Schatz

Packt einen kleinen Schatz in eine dichte Dose und versteckt ihn im Wald, im Garten oder unter einem Stein. Natürlich müsst ihr ab und zu schauen, ob euer Schatz noch da ist, oder ob ihn jemand gefunden hat.

Wasserkraft

Baut mit Steinen und Ästen einen Staudamm im Bach und schaut, wie sich der Wasserlauf dadurch verändert. Wenn ihr genug gebaut habt, reißt ihr den Staudamm wieder ein.

Matsch-Küche

Aus Wasser, Erde und Sand lässt sich eine prima Matschsuppe kochen. Noch ein paar Blüten und Früchte hinein und schon ist die Leibspeise aller Matschsuppen-Köche fertig ... obwohl, so richtig aufhören kann man mit diesem Spiel eigentlich gar nicht, so viel Spaß macht das.

Spurensuche

Im frischen Schnee lassen sich ganz leicht Tierspuren entdecken. Weißt du, von wem sie stammen?

Natur-Mandala

Sammle Blüten, Steine, Rinde, Zapfen oder was immer die Natur gerade bietet und lege daraus ein kreisförmiges Mandala. Das macht Spaß und entspannt.

Blattkonfetti

Lasst Blätter statt Konfetti regnen. Pflückt kleine Blätter und werft sie mit aller Kraft nach oben in die Luft. Klappt im Herbst auch wunderbar mit trockenem Laub.

Zum Spielen und Liebhaben

Spielidee

Bau am Strand eine Insel mit Lagune, in der die kleinen Meerjungfrauen wohnen und allerlei Abenteuer erleben können. Pst! Bei Mondschein passieren angeblich magische Dinge im Reich der Meerjungfrauen …

Drei hübsche Meerjungfrauen

Du brauchst: Treibholz • Ahornflügel • Wolle • wasserfeste Farbe • Glitterkleber

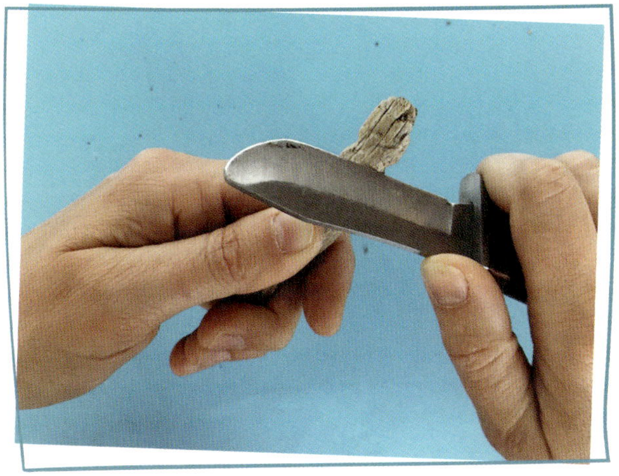

1

Schnitze am oberen Ende rechts und links eine kleine Kerbe in das Holz, sodass deine Meerjungfrau einen Kopf bekommt.

2

Schneide dann vorsichtig unten einen Schlitz in das Holz. Stecke die Ahornflügel ein und klebe sie etwas fest, damit sie gut halten.

3

Jetzt malst du deine Meerjungfrau an. Gesicht, Oberteil, Schwanz und Flosse kannst du mit Farbe und Glitter gestalten. Anschließend trocknen lassen.

4

Zum Schluss bindest du ein paar Wollfäden in der Mitte ab und klebst sie als Haare auf den Kopf.

Federn im Wind

Du brauchst: Federn • Sektkorken • 3 Perlen • Draht • langer Ast • Farbe

1

Bemale die Federn auf beiden Seiten mit Farbe und lass sie gut trocknen.

TIPP Je heller die Federn sind, desto kräftiger leuchten die Farben.

2

Schneide das dicke Ende des Sektkorkens ab und bohre mit dem Schraubenzieher ein großes Loch hindurch.

3

Stecke die Federn rundherum in den Korken. Stich dafür mit dem Schraubenzieher kleine Löcher vor.

4

fädle mittig eine Perle auf den Draht, leg dann die Enden doppelt. Fädle eine Perle, den Korken und noch eine Perle auf. Nun verdrehst du die beiden Drahtenden miteinander, lege sie fest um den Stock und verdrehe sie nochmals. Die Enden abschneiden und das Federrad so ausrichten, dass es frei drehen kann.

Spielidee

Befestige das Windrad an deinem Fahrradlenker oder steck es im Garten in die Erde. Dann erkennst du an seiner Geschwindigkeit, wie schnell du fährst oder wie stark der Wind weht.

Spielidee

Die Zwillinge Maika und Maik feiern heute Geburtstag und haben alle ihre Freunde eingeladen. Das wird ein schönes Fest …

Maik und Maika

Du brauchst: Maiskolbenblätter • Garn • Bastelfilzreste • Farbe • Marker in Rot **Vorlagen:** Seite 121

1

Lege sechs Maiskolbenblätter an der Spitze bündig aufeinander und binde sie etwa 3 cm unterhalb der Spitze mit dem Garn zusammen.

TIPP

Sehr trockene Maiskolbenblätter einfach mit etwas warmem Wasser befeuchten, dann werden sie im Nu wieder weich und geschmeidig.

2

Teile den Blätterstapel und schlage beide Hälfte um die Spitzer herum nach oben.

3

Dann drehst du alles um 90 Grad. Zieh das obere Blatt schön glatt, damit ein ebenes Gesicht entsteht, und binde die Blätter 3 cm unter dem oberen Ende ab.

4

Forme drei bis vier Blätter zu einer Rolle und schiebe sie unter dem Kopf zwischen die Körperhälften. Darunter die Blätter wieder fest abbinden.

5

Damit die Arme fest halten werden sie zusätzlich über Kreuz am Körper festgebunden.

6

Dann bindest du die Arme ab und schneidest den Rest mit etwas Zugabe ab, sodass kleine Hände entstehen.

7

Beim Jungen schneidest du die Blätter von unten bis zum Bauch ein. Forme zwei Rollen und binde sie wie die Arme ab.

8

Den Rest abschneiden, sodass Füße entstehen. Jetzt kann der Junge bemalt und angezogen werden.

9

für das Mädchen arbeitest du Schritt 1 bis 6 wie beim Jungen. Dann kürzt du unten die inneren Blätter und schlägst die äußeren um sie herum nach innen. Klebe sie am besten mit Bastelkleber fest.

10

Bemale die Püppchen. Du kannst dich dabei am foto auf Seite 86 orientieren. Deiner fantasie sind keine Grenzen gesetzt.

11

Danach kannst du den Püppchen aus filz Kleider fertigen und umbinden. Die Vorlagen helfen dir dabei.

12

Zuletzt schneidest du aus filz zwei Kreise aus (Ø ca. 5 cm), schneidest sie am Rand fransig ein und klebst sie als Haare auf.

Leuchte-Eule

Du brauchst: gepresste Herbstblätter • 2 Eichelhütchen • Luftballon • Transparentpapier in Gelb • Tonkartonrest in Hellblau • Kleister • Laternenset mit Stab, Bügel und LED-Licht

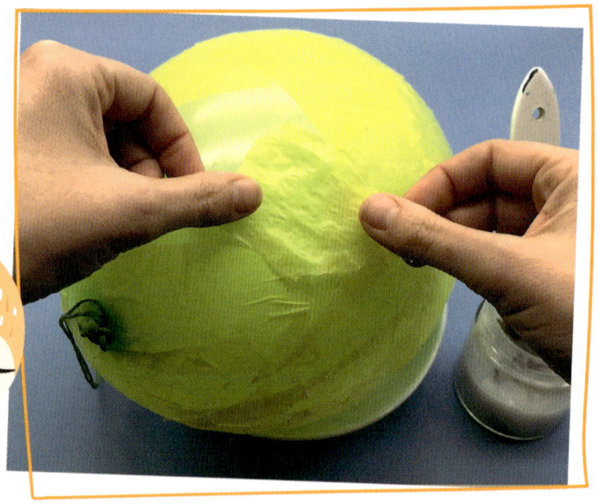

1

Puste den Luftballon auf und verknote ihn. Beklebe ihn rundum überlappend mit Transparentpapierschnipseln und lass ihn trocknen. Noch zweimal wiederholen.

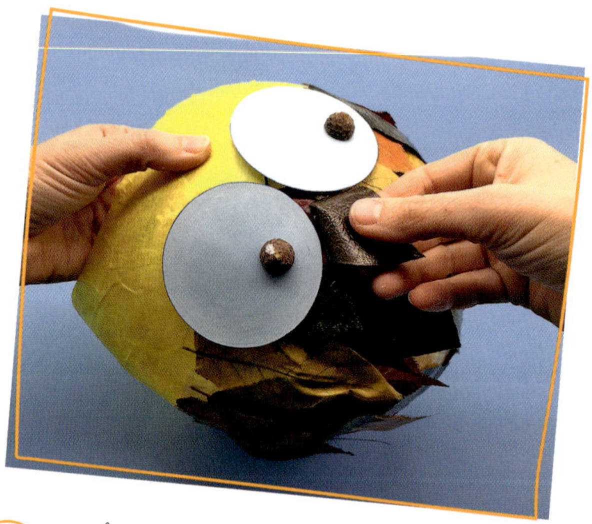

2

Beklebe die untere Hälfte des Ballons mit bunten Herbstblättern als Federkleid. Wenn der Kleber trocken ist, den Papierballon oben gerade aufschneiden und den Luftballon entfernen.

3

Aus dem Tonkarton zwei große Kreise (ø 6 – 7 cm) ausschneiden, die Eichelhütchen als Pupillen aufkleben und einen weißen Lichtfleck aufmalen. Die Augen zusammen mit einem Blatt für den Schnabel aufkleben.

4

Zwei große Blätter als Flügel und zwei kleine als Puschel aufkleben. Am Laternenrand zwei Löcher einstechen und ggf. mit etwas Klebeband verstärken. Den Laternenbügel einhängen und den Stab anbringen.

TIPP Wie du die Blätter länger haltbar machen kannst, erfährst du auf Seite 13.

Spielidee

Entzündet die Lichter und lasst gemeinsam mit euren Eltern eure leuchtenden Eulen durch die Nacht fliegen. Schuhu, schuhu! Da fällt mir doch gleich eine gruselige Geschichte ein. Wer erfindet die beste?

Spielidee

Beim Großen Preis von Running-Wheels wird heute ein heißes Rennen erwartet. Der Champion hat die Pole-Position. Doch sein Herausforderer rechnet sich große Chancen aus, ihn heute schlagen zu können. Da ertönt auch schon das Startsignal …

flotter Rennwagen

Du brauchst: Maiskolben • 5 frische Kastanien • Farbe • Zahnstocher

Vorlagen: Seite 119

1

Stecke vier halbe Zahnstocher in den Kolben und Klebe sie fest. Das geht leichter, wenn du ein Korn aus dem Kolben herauslöst. Nach dem Trocknen steckst du die Kastanien als Räder auf.

2

Für die Fahrerkabine löst du oben ein paar Maiskörner heraus, sodass du die übrige Kastanie als Fahrer hineinsetzen kannst. Wenn ein Korn zu viel herausgeht, kannst du es einfach wieder festkleben.

3

Schneide aus den Blättern des Maiskolbens Nummernschild und Windschutzscheibe nach Vorlage zu. Steck die Fahrer-Kastanie auf einen Zahnstocher und male alles an. Der Rennwagen bekommt einen farbigen Streifen.

4

Klebe Nummernschild und Windschutzscheibe auf und bring die Fahrer-Kastanie mit Klebstoff und Zahnstocher an.

TIPP Das Kleben funktioniert am besten mit Heißkleber. Lass dir dabei von einem Erwachsenen assistieren!

Kleines Pony Lilly

Du brauchst: Mammutbaumzapfen • Walnuss • 4 Eichelhütchen • 4 kleine Kieselsteine • Ast, ca. 10 cm lang • Bucheckernschale • weiches Makramee-Garn • Stickgarn • Farbe

1

Bohre vorsichtig Löcher in die Eichelhütchen und ziehe sie auf etwa 10 cm lange Makramee-Garnstücke. Mach unten einen Knoten und klebe die Knoten mit einem Kieselstein in die Hütchen.

2

Knote am Zapfen zwei lange Stickgarnfäden für die Aufhängung an. Dann klebst du die Beine in den Zapfen. Achte darauf, dass alle Beine gleich lang sind.

3

Bohre am dicken Ende ein großes Loch in die Walnuss. Klebe einen langen Stickgarnfaden und ein 6 cm langes Makramee-Garnstück (Hals) hinein. Den Hals zur Spitze der Nuss führen und aufkleben.

4

Den Kopf mit dem Hals am Körper anbringen und ein paar Makramee-Garnstücke als Schweif und Mähne aufkleben. Zuletzt die Stickgarnfäden an den Ast knoten. Dabei den Kopf-faden etwas länger lassen, damit der Kopf später nach oben und unten bewegt werden kann.

Spielidee

Das kleine Pony ist neugierig und möchte die Welt entdecken. Begleitest du es dabei? Immer ein fuß vor den anderen.

Spielidee

Baut einen kleinen Staudamm mit Steinen im Bach. Geht ein Stück flussaufwärts und lasst eure Schiffe auf ein gemeinsames Zeichen starten. Welches Schiff kommt als erstes am Staudamm an?

Schiff ahoi!

Du brauchst: Rinde • Korken • dünner Zweig • frisches Blatt • Farbe • Schraubenzieher

1

Stich oben und unten ein Loch in das Blatt und bemale es mit bunten Farben. Die Farbe anschließend trocknen lassen.

2

Bohre mit dem Schraubenzieher in der Mitte des Schiffchens ein Loch durch die Rinde. Schneide vom Korken ein 1 cm dickes Stück ab und bohre ebenfalls ein Loch durch.

3

Stecke den Zweig als Mast durch den Korken, sodass der Zweig unten etwas übersteht. Dann gibst du etwas Klebstoff auf den Korken und steckst den Mast in das Loch des Rindenschiffs. Fest andrücken.

4

Zuletzt fädelst du das bemalte Blatt als Segel auf den Mast. Schon kann dein Schiff zu Wasser gelassen werden.

Drei Kleine Indianer

Du brauchst: frische Kastanien • Eichelhütchen • dünne Zweige • Feder • Filzreste • Farbe • Aludraht, ø 2 mm • Knete

1

Bohre in zwei Eichelhütchen vorsichtig ein Loch und stecke sie auf zwei 10 cm lange Drahtstücke. Biege das untere Ende der Drahtstücke um und drücke es mit etwas Knete in die Eichelhütchen.

2

Stecke die beiden Drähte mittig durch eine Kastanie und biege unten die Beine vorsichtig etwas auseinander.

3

Biege an einem 8 cm langen Drahtstück die Enden für die Hände um. Binde den Draht dann mittig als Arme um die zwei Drahtenden, die oben aus der Kastanie herausragen.

4

Stecke eine zweite Kastanie als Kopf auf. Schneide eine kleine feder aus der großen feder aus und klebe sie mit einem filzstreifen am Kopf fest. Zum Schluss bekommt der Indianer zwei Augen und wird bunt angemalt.

Spielidee

Bau eine kleine Indianer-Siedlung. Die Tipis auf der nächsten Seite passen prima dazu!

Spielidee

Die Indianer vom Stamm der Kukuschen sind die Freunde aller Tiere. Heute erwartet sie eine große Aufgabe. Sie müssen eine Herde Wildpferde vor gemeinen Pferdefängern beschützen. Schon früh am Morgen machen sie sich auf den Weg.

farbenfrohe Tipis

Du brauchst: lange Gräser • Maiskolbenblätter • Wollreste • Pappe • 7 dünne Zweige, ca. 30 cm lang

1

Binde die Zweige am oberen Ende fest mit etwas Wolle zusammen. Wickle die Wolle dazu mehrmals um die Zweige. Schneide aus Pappe einen Kreis aus (ø ca. 11 cm).

2

Stich sieben Löcher in den Kreis (lass dabei eine große Lücke für den Tipi-Eingang) und stecke ihn auf die Zweige. Mit etwas Klebstoff fixieren.

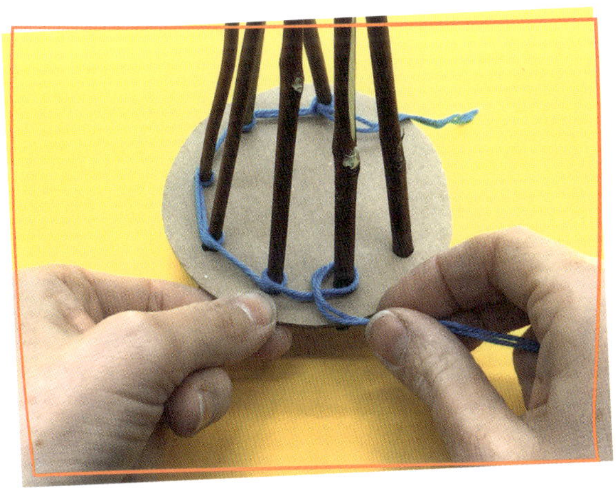

3

Knote einen Wollfaden an einer Stange fest. Führe ihn von Stange zu Stange und wickle ihn dabei immer einmal herum. Damit der Eingang frei bleibt, wendest du jeweils an der letzten Stange. Weiter oben wickelst du in Runden.

4

Die Gräser oder das Maisblatt kannst du einfach über und unter die Stangen weben. Dabei rechtzeitig neue Gräser oder Maisblätter ansetzen. So lange weben, bis die Lücken zwischen den Stangen zu klein werden.

TIPP

Am Schluss abstehende Gräser oder Blätter einfach mit der Schere abschneiden.

Hier spielt die Musik!

Du brauchst: Ast und Astgabel • Muscheln • Nüsse • Draht • Schnur • Farbe

Spielidee

Perkussion-Instrumente wie Rasseln sind super, um damit den Rhythmus für einen Rap-Song zu machen. Schreibt euren eigenen Song.

1

Bohre kleine Löcher in die Nüsse. Halte die Nüsse dazu am besten mit einer Zange und lass dir von einem Erwachsenen helfen!

2

Die Nüsse nach Belieben bunt anmalen und die Farbe trocknen lassen. Verknote dann etwa 15 cm lange Garnstücke an einem Ende und klebe sie in die Nüsse.

3

Bohr ein Loch in den Ast. Fädle die Garnstück durch und mach einen dicken Knoten. Wenn du magst, kannst du den Ast noch bunt anmalen.

4

Mach ein Loch in die Muscheln (siehe Seite 65) und male sie bunt an. Bohre je ein Loch in die Zweige der Astgabel. Fädle die Muscheln auf und bring den Draht an der Astgabel an.

Tierisch was los

Du brauchst:

Schaf Kiefernzapfen • Walnussschale • Bucheckernschale • 4 Eichelhütchen • Farbe • Marker in Schwarz

Huhn und Küken Lärchenzapfen • Eichelhütchen • Bucheckernschale • Filzreste in Rot und Orange • Farbe

Schwein Mammutbaumzapfen • 4 Eichelhütchen • Bucheckernschale • Filzrest in Rosa • Farbe

Vorlagen: Seite 121

Schaf

Spielidee

Immer nur Gras fressen, im Matsch wühlen oder Würmer suchen – die Tiere auf dem Bauernhof haben ihr langweiliges Leben satt. Zusammen haben sie einen Plan ausgeheckt. Heute machen sie sich auf die große Reise. Zum Glück hat der Bauer das Loch im Gatter noch nicht entdeckt!

1

Male den Zapfen rundum mit weißer Farbe an und streiche die Farbe auch tief zwischen die Schuppen.

2

Klebe die Walnusshälfte auf die Spitze und bring dahinter zwei Zacken der Bucheckernschale als Ohren an.

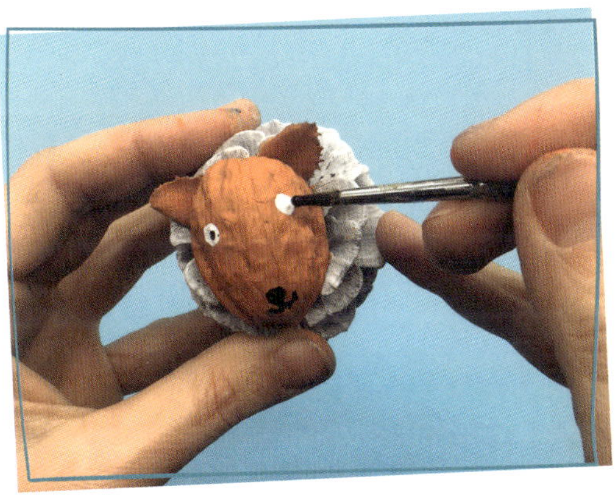

3

Male die Augen und die Schnauze auf und lass die Farbe trocknen.

4

Zum Schluss klebst du vier Eichelhüten als Füße unter den Zapfen. Achte darauf, dass dein Schäfchen gut stehen kann.

Huhn und Küken

1

Klebe ein Eichelhütchen oben auf den Lärchenzapfen und male danach das Huhn braun an. Das Küken malst du gelb an.

2

Brich eine Zacke aus der Bucheckernschale, male sie rot bzw. orange an und klebe sie als Schnabel auf.

3

Schneide aus dem Filz zwei kleine Streifen aus und klebe sie als Füße unter den Zapfen.

4

Das Huhn bekommt noch einen kleinen Kamm aus rotem Filz (siehe Vorlage) aufgeklebt. Dann kannst du die Augen aufmalen.

Schwein

1

Klebe zuerst vier Eichelhütchen als Füße unter den Zapfen. Wichtig dabei ist, dass das Schweinchen nachher gut stehen kann.

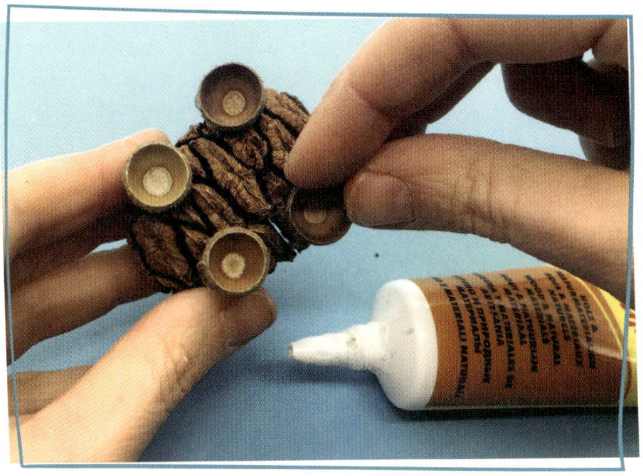

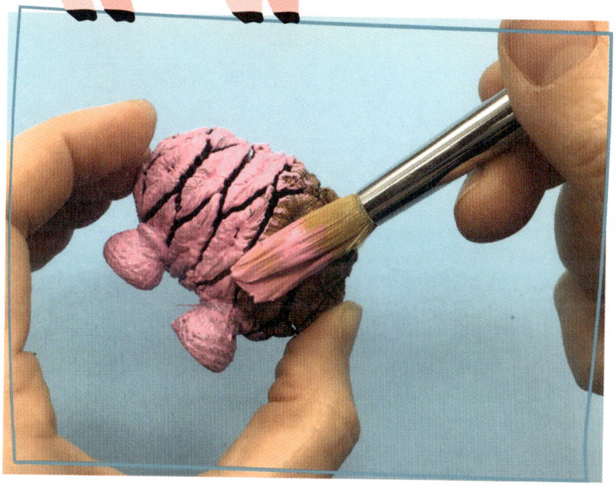

2

Jetzt malst du da Schweinchen mit rosa Farbe an. Achte darauf, dass die Farbe auch zwischen die Schuppen des Mammutbaumzapfens kommt.

3

Schneide eine ovale Schnauze aus Filz aus – in passender Größe zu deinem Zapfen – und klebe sie auf. Für die Ohren klebst du zwei rosa bemalte Zacken der Bucheckernschale auf.

4

Zum Schluss tupfst du zwei schwarze Augen auf und setzt nach dem Trocknen mit weißer Farbe Lichtpunkte und zwei Rüssellöcher.

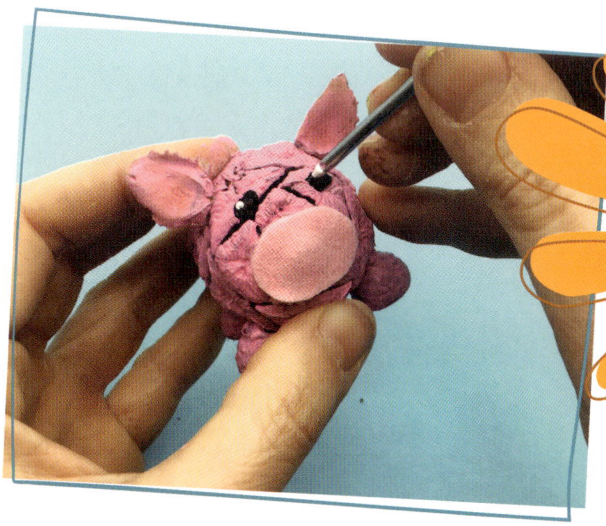

Kleiner Pferdestall

Du brauchst: Baumscheibe • Efeuranken • Schnur

1

Bohre im Abstand von 2 cm Löcher in die Baumscheibe. An einer Stelle lässt du dabei eine breitere Lücke für den Eingang.

2

Bemale die Baumscheibe anschließend mit grüner Farbe und lass die Farbe gut trocknen.

3

Binde drei Efeuranken zusammen und flechte einen etwa 30 cm langen Zopf. Binde das andere Ende ebenfalls zusammen.

4

Schneide den Efeu in etwa 12 cm lange Stücke und Steck sie als Zaun in die Löcher. Lass dabei immer zwei Löcher frei, sodass sich die Stücke überschneiden. Zum Schluss steckst du den Zopf als Torbogen ein.

Spielidee

Verbinde mit einem kleinen Zweig eine Kastanie mit einer Eichel. Steck kleine Zweige als Beine in den Körper und klebe zwei Eichelhütchen-Hälften als Ohren auf. Noch ein paar Wollfäden für Schweif und Mähne und etwas Farbe – schon hast du einen niedlichen Bewohner. Wie heißt du denn?

Robot und Roberta

Du brauchst: Aststücke • Kastanien • Eicheln und Hütchen • Farbe • Schraubösen • Schrauben • Zange • Schaschlikstäbchen

Spielidee

In der Roboterwerkstatt von Kasimir Schlaumeier ist heute ganz schön was los. Gerade zieht er bei Roberta die letzte Schraube an. Robot ist schon ganz aus dem Häuschen. Heißt das, dass er jetzt eine Freundin haben wird – eine, die ganz genau so tickt wie er?

1

Bringe am Kopf rechts und links eine Schraube als Ohren an. Oben drehst du eine Schrauböse als Antenne ein.

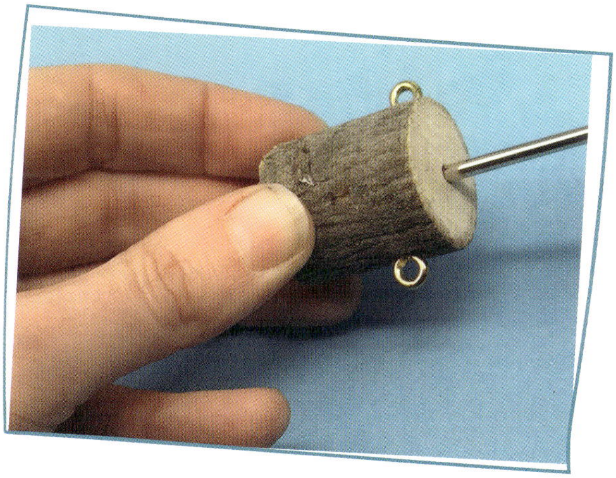

2

Drehe am Körper rechts und links eine Schrauböse ein. Oben bohrst du ein kleines Loch und klebst ein Stück Schaschlikstäbchen hinein.

3

Biege zwei Schraubösen mit den Zangen auf, hänge sie in den ersten Ösen ein und schließe sie wieder. Dann bringst du die Arme (z.B. zwei Eicheln) daran an.

HINWEIS Nur wenn die Kastanien und Eicheln frisch sind, halten die Schrauben gut. Damit das Holz nicht reißt, bohrst du die Löcher für die Schrauben vor.

4

Bohre vorsichtig Löcher in die Eichelhütchen und schraube sie von unten an den Körper. Zum Schluss steckst du den Kopf auf und malst den Roboter mit Farbe an.

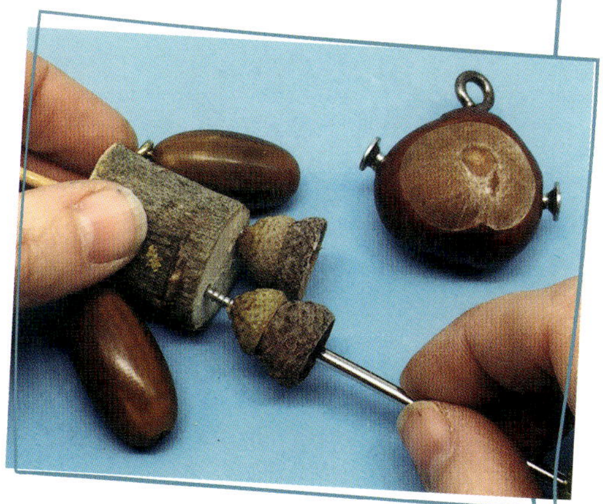

Bauer Klaus und seine frau

Du brauchst: 2 Astgabeln • 2 Äste • 2 große Eichelhütchen • Stoffreste • Wollreste • Farbe • Marker

1

Entferne mit dem Schnitzmesser am späteren Kopf der Püppchen die Rinde.

2

Schneide den Ast auf die passende Armlänge und schnitze die Enden rund zu. Binde den Ast dann als Arme mit etwas Wolle quer an die Astgabel.

3

Schneide passende Stoffstreifen zu und klebe sie als Hose und Pullover um die Beine, die Arme und den Körper.

4

Male das Gesicht auf. Klebe ein paar Wollfaden in das Eichelhütchen und klebe es dem Bauern auf den Kopf.

Spielidee

Bauer Klaus sucht eine Frau. Hilf ihm und bastle eine. Klebe dazu einen breiten Stoffstreifen zu einem Ring und binde ihn mit Wolle oben um den Körper. Für die Haare lange Wollfäden in das Eichelhütchen kleben, um das Hütchen legen und oben zusammenbinden. Fertig! Wie lernen sich die beiden kennen?

Spiele im freien

zum Spielen und Liebhaben

Mein Kleines Wurzelhaus

Deine Spielfiguren brauchen ein Haus im Garten? Schau mal, ob du unter einer Baumwurzel eine kleine Höhle findest, in die sie einziehen können.

Spielteppich im Grünen

Dein Bauernhof will aufs Land ziehen? Baue mit allem, was du in der Natur findest, deine eigene Spielwelt auf. Im Nu verwandeln sich Zapfen in kleine Tannenbäume, Zweige in Zäune oder Steine und etwas Rinde in ein kleines Haus ...

Rennstrecke

Im Kinderzimmer ist nicht genug Platz für deine Rennautos? Geh mit ihnen nach draußen und male mit Matschfarbe (Seite 38) oder Straßenkreide eine Rennbahn auf den Boden.

Straßenkreide Natur pur

Mit verkohlten Stöcken vom Lagerfeuer und weißen Kalksteinen kann man ebenso gut auf dem Asphalt malen wie mit bunter Straßenkreide. Im nassen Sand kannst du einfach mit einem Stück Treibholz Linien ziehen.

Träume aus Sand

Baue Tunnel, Burgen, Straßen oder ganze Städte in den nassen Sand. Oder wie wäre es mit einer Vulkanlandschaft für deine Dinosauriersammlung?

Puppengeschirr

Serviere die Köstlichkeiten beim spontanen Puppen-Picknick im Grünen auf großen Blättern oder Rindenstücken. Als Tassen machen Kastanien- und Walnussschalen oder ein leeres Schneckenhaus eine gute Figur.

Gut gebettet

In einer Kuhle mit frischem Laub und Moos können deine Puppen in aller Ruhe ein Mittagsschläfchen halten.

Stockmann und Co.

Wenn du ein Schnitzmesser dabeihast, kannst du im Nu aus einer Astgabel eine einfache Spielfigur schnitzen oder einen Stock in ein Krokodil oder in einen Zauberstab verwandeln.

Graspfeife

Lege deine Daumen aneinander und spann einen Grashalm in den kleinen Spalt zwischen ihnen. Schließe die übrigen Finger zu einer Höhle und puste kräftig durch den Spalt. Mit etwas Übung ertönt ein lautes Tröten.

Vorlagen

Bügel

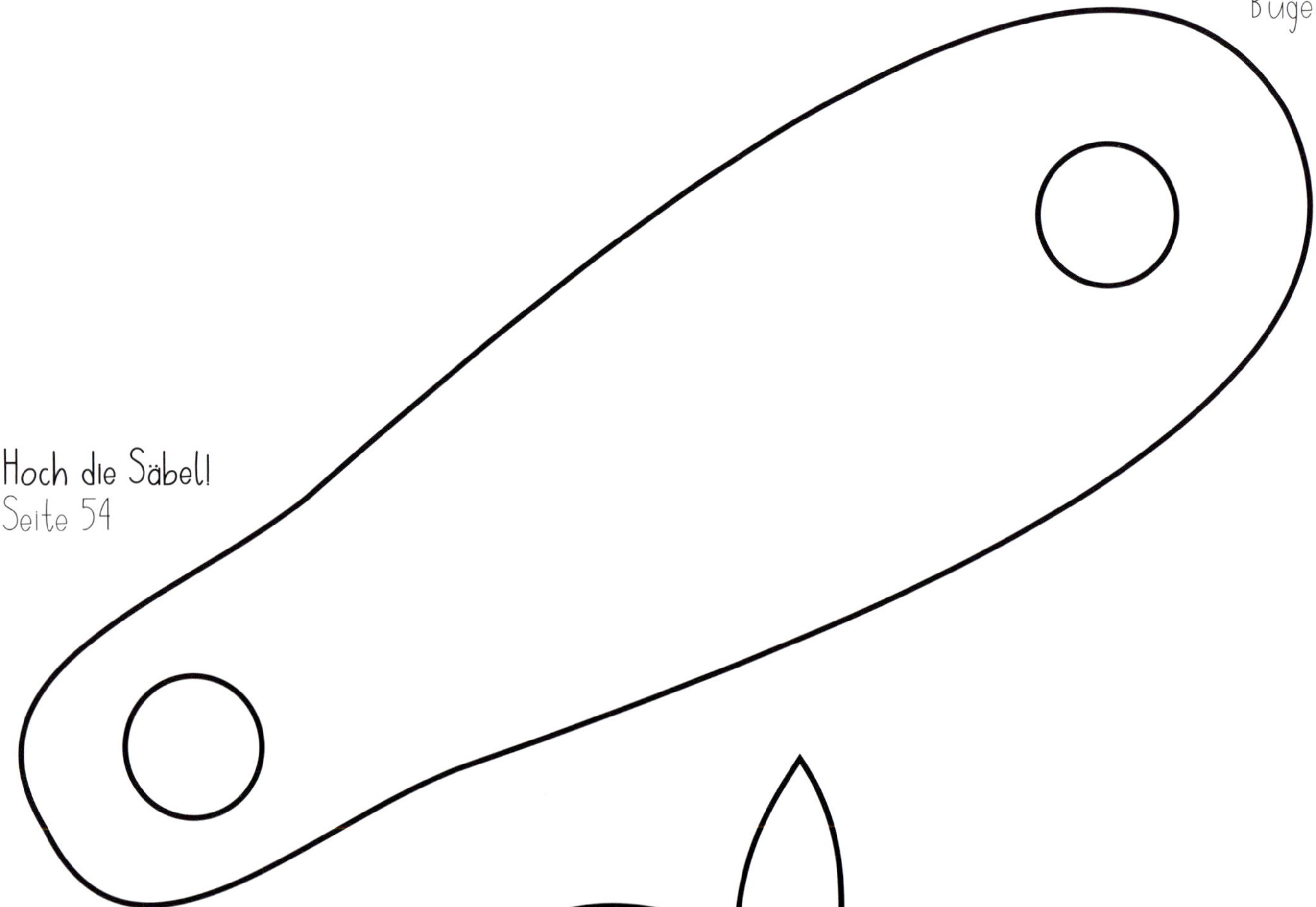

Hoch die Säbel!
Seite 54

Erdbeeren

Mmh. Leckerschmecker
Seite 58 – 61

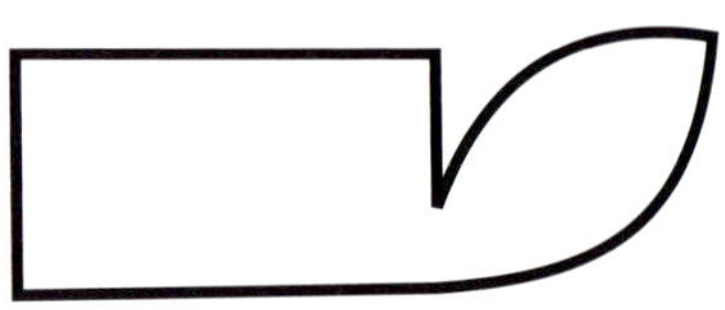

Äpfel und Birnen

Möhren, Tomaten und Auberginen

Blumenfee, flieg! Seite 76
Vorlage bitte auf 110% vergrößern

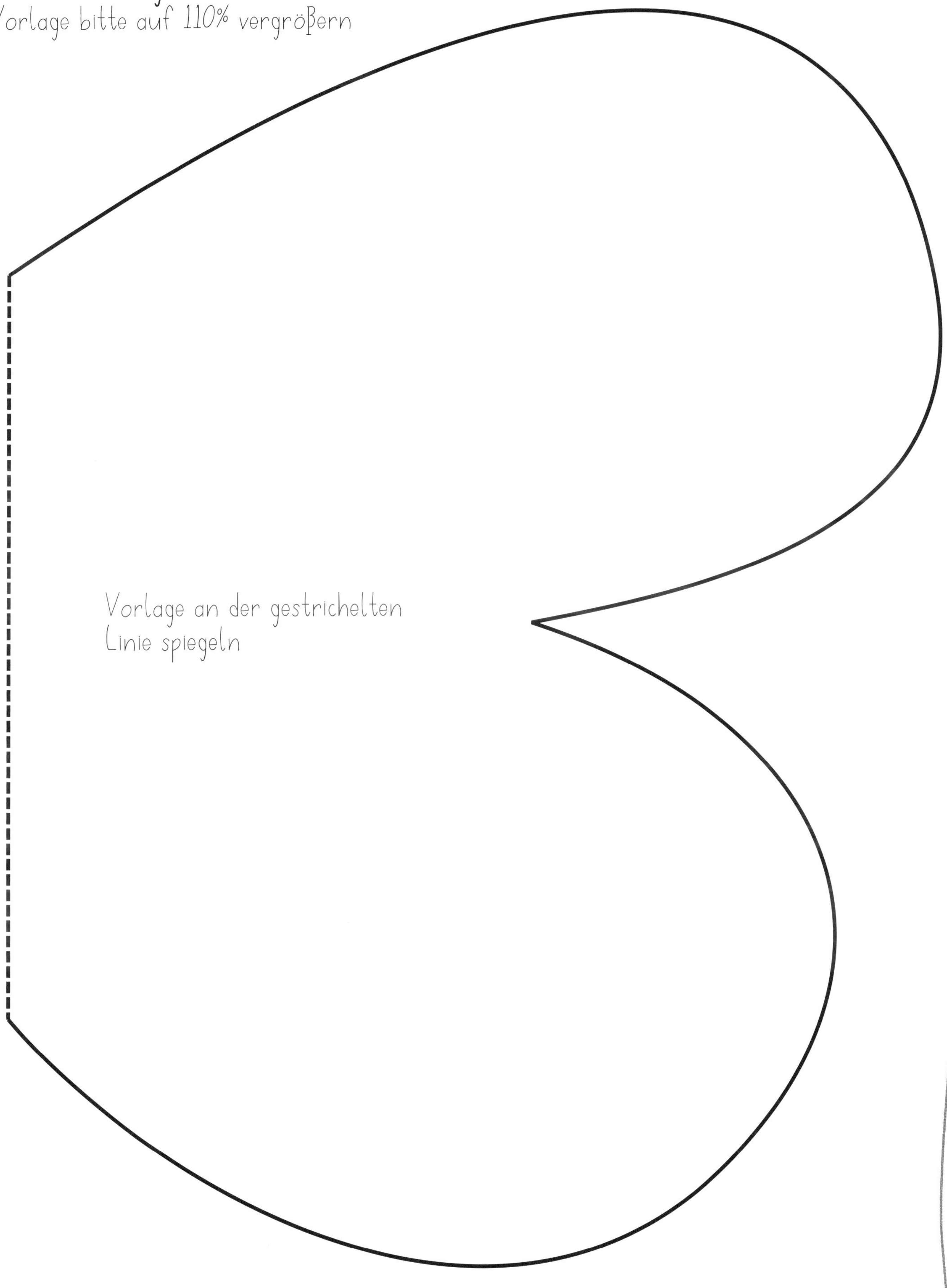

Tierischer Maskenball
Seite 56

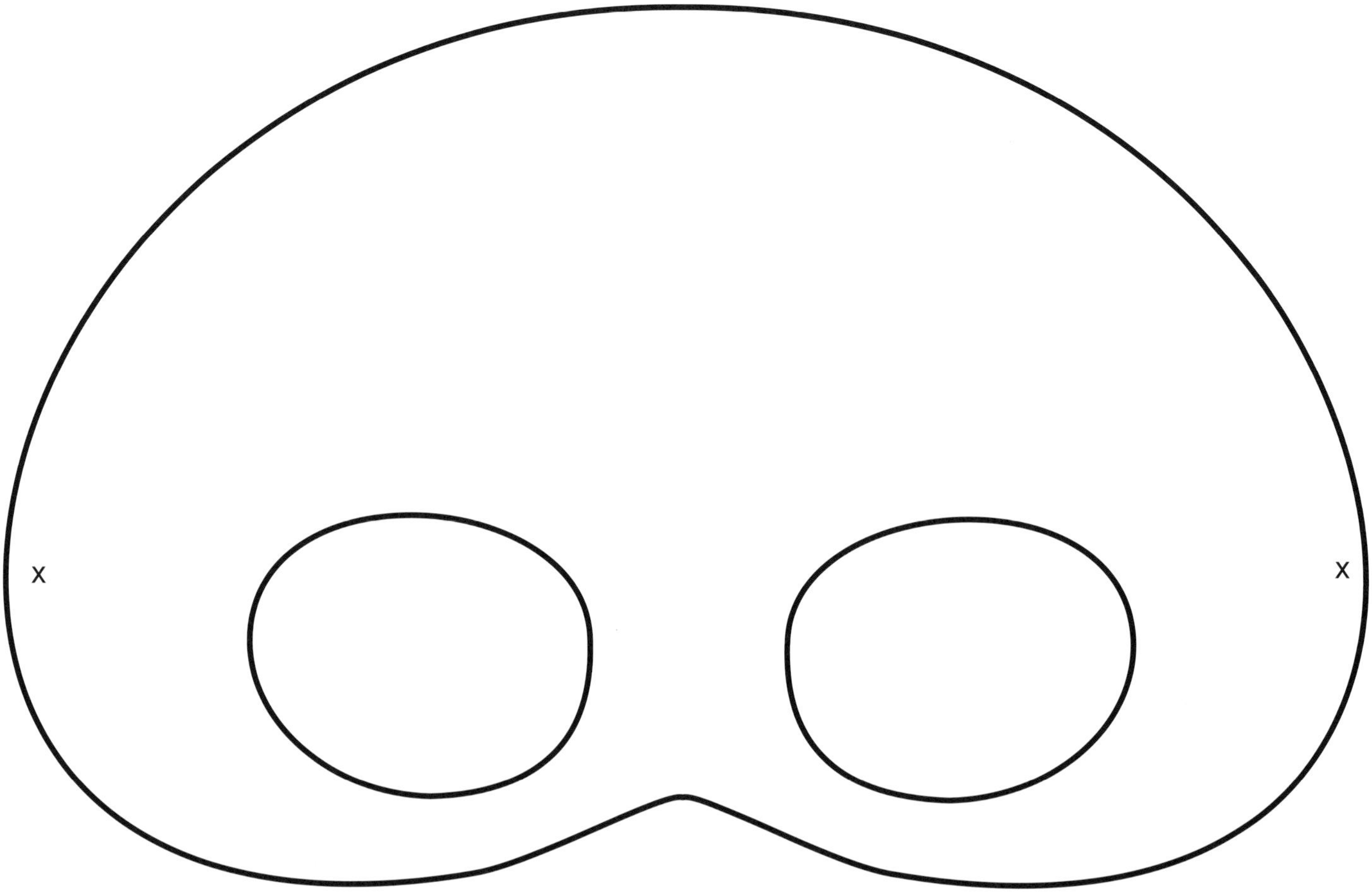

Grundmaske

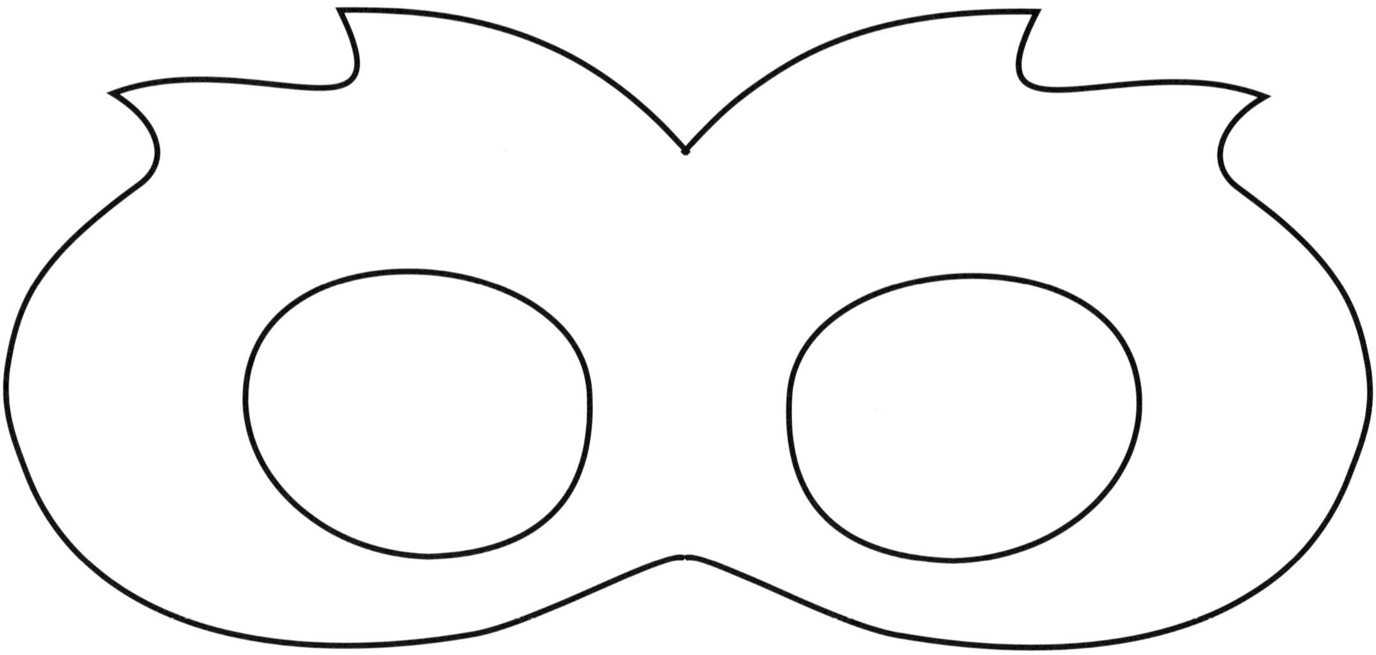

Augenteil Rabe

Hoppe, hoppe, Reiter!

Seite 68

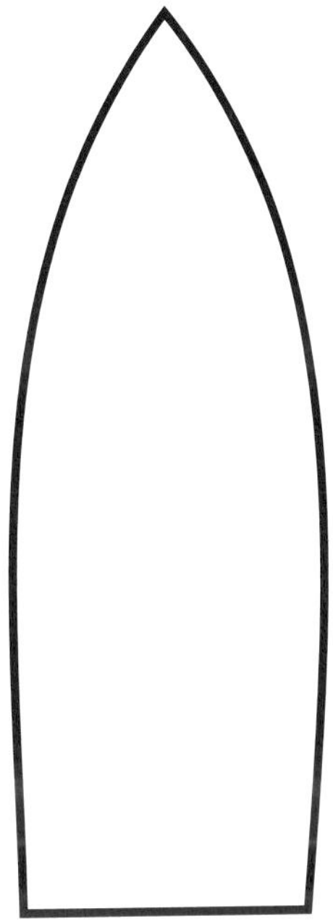

flotter Rennwagen

Seite 92

Tierischer Maskenball

Seite 56

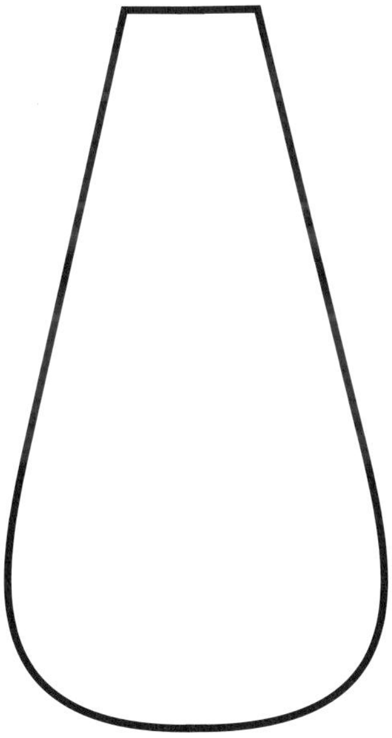

Schnauze fuchs

Augenteil fuchs 2x

Mix-Max Zoo

Seite 30

Nashorn

Löwe

Zebra

Nilpferd

Panda

Affe

Maik und Maika

Seite 86

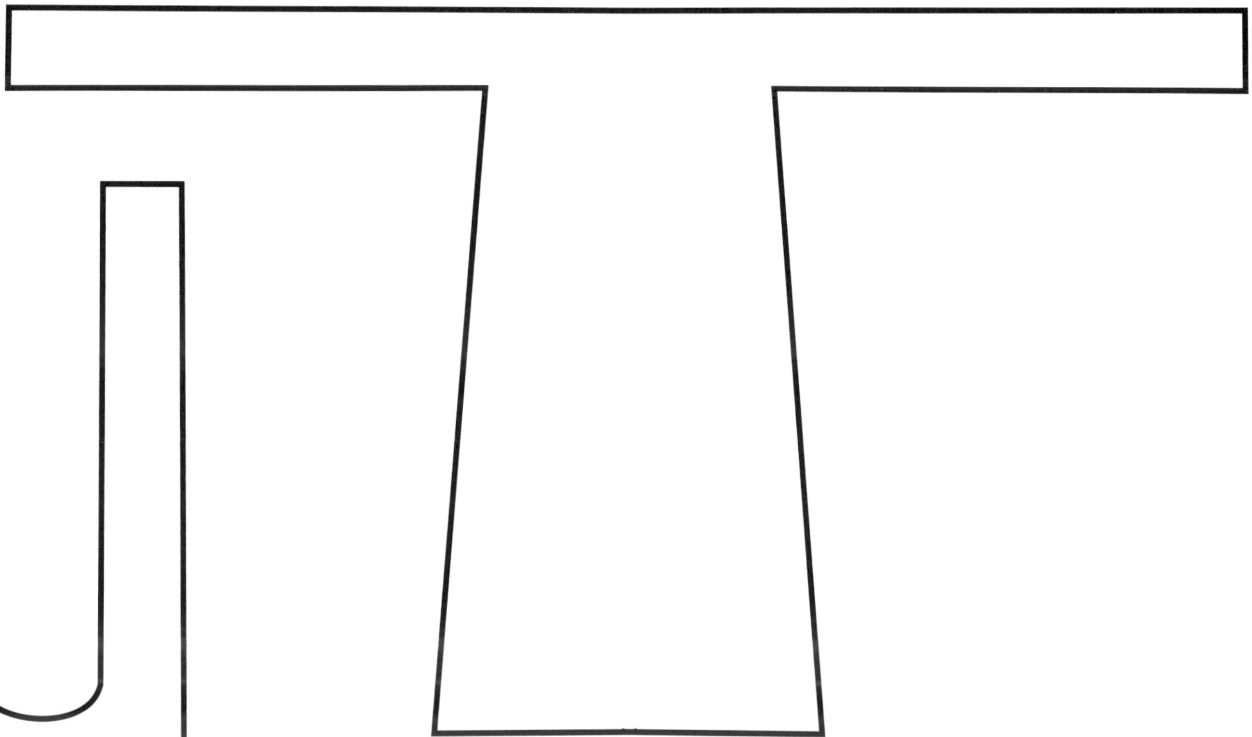

Schürze

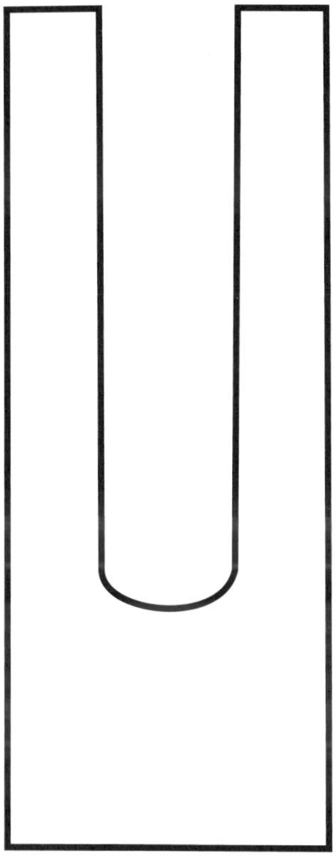

Oberteile

Tierisch was los

Seite 104 – 107

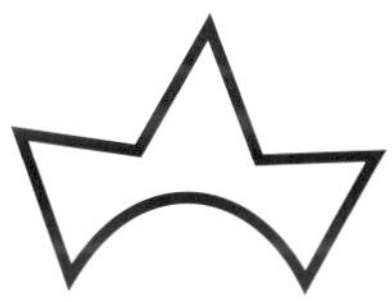

Huhn

Schwein

Tierische Spielfiguren

Seite 20

Bär

Pinguin

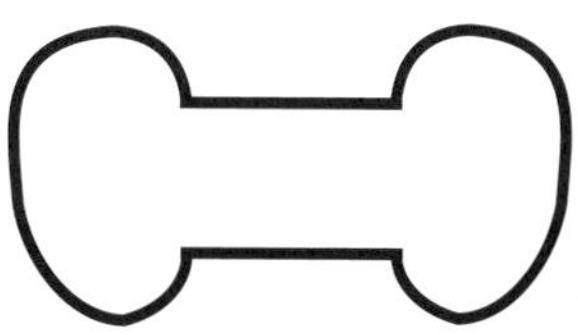

Elefant

Hase

Buchtipps für dich

Noch mehr Kreativ-Bücher zum gleichen Thema gesucht?

ISBN 978-3-7724-7653-2

ISBN 978-3-7724-4980-2

ISBN 978-3-7724-8462-9

ISBN 978-3-7724-8460-5

ISBN 978-3-7724-8423-0

ISBN 978-3-7724-8458-2

ISBN 978-3-7724-4676-4

ISBN 978-3-7724-7844-4

ISBN 978-3-7724-4978-9

#TOPPPROJEKT

Die eigene Kreativität zeigen: TOPPprojekt mit anderen Kreativen teilen und Teil der Gemeinschaft werden.

DIY-begeistert und auf Instagram? Dann unbedingt mitmachen! Hier gibt's Tipps und Feedback zu den eigenen Projekten. Außerdem verlosen wir jeden Monat ein Überraschungspaket. Um am Gewinnspiel teilzunehmen, einfach ein Bild vom Kreativ-Projekt aus unseren Büchern mit #TOPPprojekt posten und unserem Account @frechverlag folgen. Mehr Infos auf TOPP-kreativ.de/TOPPprojekt

Website
Auf TOPP-kreativ.de kannst du ein riesiges Angebot von über 1.000 Kreativbüchern, Sets & mehr entdecken.

Newsletter
Gleich anmelden unter: TOPP-kreativ.de/newsletter und immer als Erstes von unseren Neuheiten und Sonderaktionen erfahren.

Instagram
@frechverlag

Pinterest
pinterest.com/frechverlag

Facebook
facebook.com/frechverlag

DigiBib
Hier findest du zusätzlich zu vielen unserer Bücher digitale Extras, wie Video-Tutorials, Plotter-Dateien, Vorlagen, Übungsblätter & vieles mehr. Einfach im Impressum deines TOPP-Buchs den Freischalte-Code nachschlagen und exklusive Inhalte freischalten. TOPP-kreativ.de/digibib

Youtube
youtube.com/frechverlag

Susanne Pypke arbeitet als freie Lektorin und Kreativ-Autorin im Stuttgarter Westen. Ihre Leidenschaft für das Selbermachen hat sie schon früh entdeckt. Nichts war schöner, als an Regentagen zu basteln, in Mamas Nähkästchen zu kramen oder die Gerätschaften in Papas Werkstatt auszuprobieren. Ihr Können setzt sie bis heute in zahlreichen DIY-Projekten um. Ein kleiner Ausschnitt davon ist auf ihrem Kreativblog fraeuleinfloh.blogspot.de zu sehen.

Kreativ Hotline

Hilfestellung zu allen Fragen, die Materialien und Bücher zu kreativen Hobbys betreffen: Frau Erika Noll berät Sie. Rufen Sie an oder schreiben Sie eine E-Mail!

Telefon: 0711 / 123 757 20*

E-Mail: mail@kreativ-service.info

*normale Telefongebühren

Impressum

MODELLE UND SCHRITTFOTOS: Susanne Pypke
FOTOS: frechverlag GmbH, 70499 Stuttgart; Shutterstock: chrisbrignell (Holzstück, S. 29, 38, 73, 82, 85, 101, 113); lichtpunkt, Michael Ruder, Stuttgart (alle übrigen)
PRODUKTMANAGEMENT UND LEKTORAT: Nele Schlötzer
COVERGESTALTUNG UND LAYOUT: Eva Grimme
HERSTELLUNG: Jessica Siebert
SATZ: tebitron gmbh, Gerlingen
DRUCK UND BINDUNG: POLYGRAF PRINT spol. s r.o.

MIX
Aus verantwortungsvollen Quellen
FSC® C023577

Penguin Random House Verlagsgruppe
FSC® N001967

3. Auflage 2022

ISBN 978-3-7724-4474-6 • Best.-Nr. 4474

7
8
9
10
11
12